程兆熊作品集 11

中國農業政治

中國太平要義

程兆熊 著

本書是從農業上談政治，而其根源，則是在從性情上談農業。
從性情上談農業，已有不少人士認為不是當今之所宜。
而從農業上談政治，更有許多人們議之為實乃目前之迂語。

《中國太平要義：中國農業政治》序言

本書和前此出版的《中國治平要略》，即《中國歷代農政之實施》，是姊妹篇。一個是本諸原則說，一個是就「見諸行事」上以立言，原合稱爲《中國農政》，所以很可以合起來看。

本書是從農業上談政治，而其根源，則是在從性情上談農業，因此拙著《中國農業與農民之文化的省察》一書，以及其他有關農業與庭園花木之作，原思總名爲「中國農書」者，也是很可以合起來一看的。

從性情上談農業，已有不少人士認爲不是當今之所宜。而從農業上談政治，更有許多人們譏之爲實乃目前之迂語。其實性情之際，自古難言，何況今日？農業之道，不談則已，談則必迂。只不過難言，終不可不言，迂道更大有異於苟道。以言政治，尤須知其難言，而絕不可安於苟道。本此立論，縱使舉世非之，亦不暇顧。然人若果能平心以觀，靜氣以求，究亦不難見出此心此理，實乃古今聖哲之所同然，本書又何敢逞其私見呢？

先哲張橫渠有「為天地立心」之言，及今思之，那只是求心靈的醒覺，而思從混沌中，把至大的心靈透出來。他又有「為生民立命」之語，及今思之，那只是求生命的安頓，而思從生物界，把至高的生命透出來。他接著又說道「為往聖繼絕學」，及今思之，那也只是求性情的安排，而思從軀殼裡把至眞的性情透出來。最後他更說道「為萬世開太平」，及今思之，那更只是求人文的化成，而思從物化的趨勢下，把至為實在的歷史文化永續下去。

太平之道，是人文化成之道，而人文化成之道，亦復是至為簡易之道。時至今日，那只要於昏昏沉沉裡見出心靈，就得了。那只要於蹦蹦跳跳裡見出生命，就得了。那只要於花花綠綠裡見出性情，就得了。但當人們一思及昏昏沉沉裡，究毀滅了多少心靈時，當人們一思及蹦蹦跳跳裡，究損壞了多少生命時，當人們一思及花花綠綠裡，究埋沒了多少性情時，則時至今日，也就大可令人不寒而慄了。

雖然如此，那仍須得求救於一至大的心靈、至高的生命、至眞的性情與夫至為實在的歷史文化。若不唯此是務，那就無怪乎今日世界會一下子出現著各種形式的殖民主義。在魔宮劍影下，在絕對鬥爭中，會有人道之窮，會有性情之災，會有一大心靈的窒息，會有一代接著一代的生命的玩弄，則更成了人類歷史上亙古未有的奇禍。

《史記．太史公自序》稱：「春秋之中，弒君三十六，亡國五十二，諸侯奔走，不得保其社稷者，不可勝數，察其所以，皆失其本已。故《易》曰：差之毫釐，失以千里。故曰：臣弒君，子弒父，非一旦一夕之故也，其漸久矣。」

由春秋到戰國，更大有類於當今之世。六國亡了，秦亦隨即崩潰。在那裡，荀卿特稱「秦無儒」，整個心靈透不出。在那裡，法家之治是「以吏爲師」，整個生命透不出。在那裡，商鞅等，《史記》都稱其爲「天性刻薄人」，整個性情透不出。於是歷史文化在那裡經了一大曲折，而當整個心靈、生命與性情不能久窮久塞而思變思通時，則心靈一現，生命一顯，性情一露，秦之一代便告終結。今千載之下，我們從張良的博浪椎擊處，還儘可看到當時的心靈。我們從項羽的破釜沉舟處，還儘可看到當時的生命。我們從劉邦到做了皇帝而猶喜冠其微時的「劉氏冠」處，還儘可看到當時的性情。要知性情、生命與心靈之不可磨滅，就儘足證明著秦之一代必歸於亡，而代之以興者，也必然會是大漢。

王莽之後，是光武中興，我們從劉秀的「自兄演之死，獨居，輒不御酒肉，枕席有涕泣處」，也儘可看到當時的心靈、生命與性情之「否而復泰，塞而復通」。

由魏晉南北朝至隋末，能表現其一個偉大的生命的，是李世民。由殘唐五代至宋初，能顯露其一個深厚的性情的，是趙匡胤。由此，便來了一個生命的詩的時代，又來了一個性情的哲學的王朝。

朱元璋驅逐了元人而王天下，當其致函於其故人田興時，他寫道：「朱元璋自朱元璋，皇帝自皇帝，朱元璋不過偶然做了皇帝……」這知道自己只不過是偶然做了皇帝，這便儘會爲那心靈、生命與性情，通透著一個大消息，讓大明的天下，放出歷史文化的異彩，而絕不偶然。

像以上這樣概括地把心靈、生命與性情，解釋著無數王朝的更替，自亦不難用來解釋著當今世局的推移。在人類的歷史中，心靈是本。在人類的世界中，生命是本。在人類的文化中，性情是本。而與此深相聯結，爲時已數千年的便是農業，故農業是本業。據此本業以論政治，則從行所無事的無爲中，見治道；從眞常裡見治體；並以「心性即政治，義理即經濟」爲治學；更從而求治術於「簡單化」之中，求治才於天性之中，以形成一種治風於新禮樂之中。這對當前的世局，總不致會是一種無本之談。

人必須是一種歷史文化的動物，那是由於人必須安頓於一種歷史文化之中，而與一大心靈，一大生命，一大性情，相呼吸、相聯結，並「相忘於江湖」。否則，便是天地喪心，生民喪命，往聖喪學，萬世喪亂。在喪亂中，人窮則呼天、呼父母，這是常情，也正是本性。心靈從天那裡來，天是一個不可知的宇宙實體。生命從父母那裡來，父母更絕對是父母。而性情之際，則正是天人之際。這一呼天、呼父母，便顯露了人的情性。人是性情中人，事是性情中事，因之，人間終於會是性情中的人間，世界也終於會是性情中的世界，而歷史文化之大用，農業政治之大用，便是促進這人間和這世界的早早到臨。

本書分治道、治體、治學、治術、治才、治風六章，因所採取之體裁關係，可議之處，如理論之明確性不足，如構造之組織性不嚴，皆誠如不少友好之所評，使一己不能不加以虛心的接受。只是文字之體裁，終亦有關於人之性情，如讀者對本書所提出之許多觀點，亦多少感覺其生動，則此一體裁之在今日，未可全廢，亦正如不少友好之所論，而使一己似無捨此就彼之必要。如何之處，只有竭誠求正於高明。又本書印行不易，承詠滄昌祐及人生社諸友直接間接之協助；附此誌謝。又本書治道、治才、治風、治術等章，曾先後分別發表於《新亞校刊》，《農聲》，《建設雜誌》及《中國內政月刊》等，併此聲明。

民國四十四年五月二十八日　程兆熊自記於臺中農院。

目錄

第二章　治體

第三章　治學

第四章　治術

第五章　治才

第六章　治風

第一章

治道

一、真的氣象和真的政治

1. 生命的安頓

我在《中國農業與農民之文化的省察》一書中，曾分析中國文化的農業之道有三特性：一爲土的事業性，二爲生的事業性，三爲時的事業性。

這土的事業性，對中國以前政治上之反映是：「厚德載物」、「民德歸厚」和「一心定而王天下」。

這生的事業性，對中國以前政治上之反映是：「保民而王」、「如保赤子」和「子庶民」。

這時的事業性，對中國以前政治上之反映是：「時中」、「時行則行」、「時止則止」和「時乘六龍以御天」。

我在同書中，又曾分析中國民族的農民精神，有三特點：一爲不厭辛苦，二爲深知憂患，三爲沒有死的觀念。

這不厭辛苦的精神，對中國以前政治上之反映是：「四海困窮，天祿永終，萬方有罪，罪在朕躬」。

這深知憂患的精神，對中國以前政治上之反映是：「吉凶與民同患」和「先天下之憂而憂」。

這沒有死的觀念之精神，對中國以前政治上之反映是：「民不畏死，奈何以死懼之?」和「如以人禱，吾請自當」。

上述六點意義，其實都是由一點意義作出發點，此即針對農業上之生物的培育，政治上便自覺地認識了生命的安頓，爲其應有的本質。

2. 歸於性情

把生命的安頓，作其應有的本質，這是中國農業政治之一大特色，於此便澈底否定了政治只是統治的事，甚至只是階級統治的事，也從而否定了國家是所謂「必要的惡」，甚至是所謂「階級鬥爭的工具」。這便使政治成了溫暖，而不是冷酷；這便使政治成了陽明，而不是陰暗。由此而來的政治之定義，自然會是「政者正也」，和治國「猶如治身」。這引申而來的意義，會又是政治的實踐，即道德的實踐；抽象的國家，乃有血有肉的軀體。這因之而至的事體，會更是政治的關係，即倫理的關係；而「一個國家的存在」乃等於「一個性情的存在」，人是性情中人，政治是性情中事，國家的存在，自是性情的存在。於是政治從事生命的安頓，而國家則成了生命的歸宿。這裡有無邊的厚度，這裡有極大的安定，「其動也天，其靜也地」，這使治道成了地道，所謂「坤厚載物」；於此「安定」是第一個政治的要求，「慎終追遠，民德歸厚」是第一個政治的標的。接著而來，就有了無邊的生意和絕大的情味，這使治道成了聖道，所謂「內聖外王」，以赤子之心，保著蒼生，以赤子之心，保著赤子，「知道父的只有子」，爲著子的也就只有父，一切是心誠求之，一切是誠心待之。於是接著而來的，更有了無邊的涵蓋和絕大的超越。這更使治道成了天道，所謂「其仁如天」，「天何言哉？四時行焉，百物生焉，天何言哉」？那是「君子而時中」，那是，「時行則行，時止則止」，那是「乾道變化，各正性命」，就是一草一木，也會「各得其所」，一切有了安排，一切有了撫育，一切有了滋潤，一切有了涵容。只不過像這樣的政治的事業，從生命本身看來，其實也不過是「太空中一點浮雲」，「行一不義，殺一不辜，而得天下」，和「賺得了一個世界，賠了一個生命」，都是不值得一試的。對生命說，「其本原自無而生有，其功行自有而歸無，有無之間，其機甚神，一念自信，獨往獨來……（王龍溪語）」，從這裡，不由你不去超越，這超越是一個絕大的超越，所謂「大行不加，窮居不損」，這裡是「時乘六龍以御天」，這裡是「首出庶物，萬國咸寧」。這裡是眞的「氣象」和眞的政治。同時，也只有在這種氣象裡，在這種政治裡，纔能有「萬方有罪，罪在朕躬」和「先天下之憂而憂」以及「如以人禱，吾請自當」一類的政治家。同樣也只有這樣的政治家，纔能具備著那種氣象和成就那樣的政治。

二、農業政治天道聖道與地道

1.農業政治是什麼？

農業政治是環繞於一個農業國家，而眞正代表著絕大多數的農民之政治。於此，中國的農業政治，乃是人類歷史上最爲奇特的農業政治，因爲截至目前爲止，在整個人類歷史上，還沒有出現過第二個像中國這樣大的農業國家，也沒有出現過第二個像中國這樣久的農業國家，更沒有出現過第二個像中國這樣高度集約的農業國家，同時一個國家的農民，爲數如此之多，百分數如此之大，而且一開始便被納入於一個獨特的歷史文化的傳統裡，並獲其一種獨特的歷史文化之生命的安頓，從而讓一個國家民族的問題，成了歷史文化的問題，也從而讓其本身的農民問題，成了一個歷史文化的問題。所謂「入夷狄則夷狄之，入中國則中國之」，到後來，所謂「天理」，所謂「良心」等形上的名辭，竟成了一個極普通的中國農民之日常語言和日常論證，這在整個世界人類歷史上，也是沒有出現過第二次的。中國的農業政治，就是環繞於中國的這樣一個農業國家，而眞正代表著中國的這樣絕大多數之農民的政治。

於此，黃帝的「垂衣裳而天下治」，這是把中國農業政治上的治道，當成了上述的天道。

於此，堯舜的「篤恭而天下平」和「恭己正南面而已矣」，這是把中國農業政治上的治道，當成了上述的聖道。

於此，大禹的「竭力以勞萬民」和「卑宮室，而致力乎溝洫，菲飲食，而致孝乎鬼神」，以及文王的「視民如傷」和周公的「所其無逸，先知稼穡之艱難」，這是把中國農業政治上的治道，當成了上述的地道。

史載：「商大旱七年，太史占之曰：『當以人禱。』湯曰：『吾所謂請雨者，民也，若以人禱，吾請自當。』遂齋戒，剪髮，斷爪，素車白馬，身嬰白茅，以爲犧牲，禱於桑林之野，祝曰：『無以余一人之不敏，傷民之命。』」這一事據有些國史權威學者之說，會多少不免有點做作。但古人已矣，就事論事，此一做法，總也是「厚之至也」；此一做法，總也是把中國農業政治上的治道，當成了上述的地道。

2.道家的省察——道家的無為

對中國農業政治上的治道，成了天道，首先作其玄學上的省察者是道家。他們根據史事的累積和人事的激盪，加以自然的昭示，便在全人類的政治史上第一次揭出了「無爲」之說，這「無爲」之說的道理，是貫徹於中國農業政治上的治道之內，而爲其骨髓的。這一「無爲」的治道所成就的政治，表面看來是一個消極政治，但其實是一個經驗政治。時間的積累，成了經驗的積累，於是經驗的政治，就更成了眞實的政治；既成了眞實的政治，那便又成了一個在任何積極有爲的時代裡都不可違反的政治。大唐是歷史上一個最爲積極有爲的朝代，而天台道士司馬承禎對唐睿宗陰陽術數之問，就回答說：「道者損之又損，至於無爲，安肯勞心以學術數乎？」當睿宗說著：「理身，無爲則高矣，如理國何？」他更答道：「國猶身也，順物自然，而心無所私，則天下理矣！」把身看成是眞實的，就應當把國看成是眞實的，把國看成是眞實的，就應當把政治看成是眞實的。到政治被看成是眞實的政治，而不能有一點做作、有一點僞的時候，這便是政治成了客觀化。到政治眞成了客觀化的時候，這便是以國人治理著國人，以天下人治理著天下，而非以我治理著國人，治理著天下；也非以我的作爲或「人爲」治理著國人，治理著天下。一說到作爲，便是心有所著，一說到「人爲」，便是心有所「僞」。這不致「有所著」，「有所僞」，便是「心無所私」。這以人治人和「客觀化」，便是「順物自然」，因之把「無爲」當成政治的骨髓，把國家當成血肉之軀，這便否定了一切的權力政治，這便否定了一切的暴力國家。這是把政治代表了眞理，這是把國家代表了性情！這是振古以來政治思想上的一大革命，這是振古以來國家學說上的一大創新。

3. 儒家的貢獻——教化的有為

對中國農業政治上的治道成了天道，首先作其文化的省察，並從而把中國農業政治上的治道成了聖道這一事體，和中國農業政治上治道成了地道這一事體，作其全般的省察和整個的肯定者是儒家。於此，儒家便在中國農業政治上的治道內，特別把握了「內聖外王」之理並特別發揚了「教化有爲」之道。與此背道而馳，成了另一個極端的是對中國農業政治上的治道成了天道，澈底作其功利的省察者，這便是法家。法家於此，也從而把中國農業政治上的治道成了聖道這一事體，和把中國農業政治上的治道成了地道這一事體，作了全般的省察。但全般省察的結果，卻是整個的否定。於此，對法家說，政治成了「有為」而「教化」反成了無為。其政治的積極，是權力的積聚；其教化的消極，是人道的消沉。權力積聚的結果，是一切的工具化；在這裡，農業農民都是工具。人道消沉的結果，是一切的物化；在這裡人性人情，都成了物質。國家於此，不是精神的實體，更不是性情的產物，而只能有其工具上的價值。這構成中國農業政治上的治道之一大墮落，而由這一個治道的墮落，更構成了一個歷史的曲折。在這裡，秦是一個絕好的例子，但這對中國農業政治上之治道，也是一個絕大的鑒戒，故儘有其反面的功效。在經濟思想上，法家和儒家都是重農抑商，但儒家對中國農業政治上的治道，是全般肯定，法家對中國農業政治上的治道，是純否定，因之前者得了農民的擁戴，而後者則為農民所揚棄。以一個首倡重農抑商的政策，並由商鞅以下諸人澈底執行此一政策之秦王朝，終於招致了陳涉、吳廣等斬木揭竿而起，並讓劉邦以一個平民取而代之，作了漢天子，這正是所謂「水能載舟，又能覆舟」的一個很好的說明。

三、政治的有為和無為的究竟

1. 中國政治發展之歷史的特點

在任何一個國家民族之政治的發展史上，總是要經過一段神權與君權極其「有爲」的時期，這「有爲」的結果，一方面是引起了本身權力的極度擴張，但另一方面也引起了本身權力的不斷毀滅。這毀滅的原因，表面看來，是在政治的對立鬥爭中，有了更大更新的力量之興起，但其實卻是由於本身的「有爲」限制了自己，僵化了自己，衰朽了自己，以致轉不過來，便不能不讓其他更小更後的力量取而代之。這「取而代之」的政治舉措，在西方的歷史上，就是所謂階級鬥爭，就是所謂「革命運動」，而在中國的政治史上，「取而代之」的政治舉措，卻不必聯繫著所謂「階級鬥爭」和所謂「革命運動」。神權在中國歷史上，可以說是沒有出現，但也可以說是由於中國農業政治上之治道的無爲，不知不覺地已消解了神權於普通祭祀之中。君權在中國歷史上，從來是所謂「天高皇帝遠」。到辛亥革命把數千年的君主政權推翻時，可以說是並沒有甚麼大流血，會如法國民主革命那樣，花上了絕大的氣力。於此，我們也可以說：中國農業政治上的治道的「無爲」，實在是做了中國民主政治的前驅工作或準備工作，這「無爲」使君權得到好的結局，絕不至有路易十六世上斷頭臺的事體；這「無爲」也會使民主得到好的開頭，絕不至有民主運動只是第三階級革命的事體。

2. 政治的有為與教化的有為

爲什麼一個國家民族之政治的「有爲」，會限制了自己，僵化了自己和衰朽了自己呢？於此，當先說明政治的有爲的涵義。第一，政治的「有爲」不同於教化的「有爲」。政治有爲的對象是人的意志，教化有爲的對象是人的性情。前者是以人順我，後者是以我同人。以人順我，是我爲首出。以我同人，是「善與人同」，「首出」不能是「絕對」，所謂「用九，見群龍無首」，「首出」的終極，應當是「無首」，因爲是「天德不可爲首」。如此，「乾元用九」方是「天下治也」，在這裡「首出」分明是

「有限」。漢高祖臨終拒醫治病，說是：「吾以布衣提三尺劍，取天下，此非天命乎？命乃在天，雖扁鵲何益？」這就是認識了「首出」是有限。既是「有限」，又如何能以人順我？既不能以人順我，又如何能有政治的「有爲」？但以我同人，則是一個「無限」，因爲「善與人同」，正如光光相印，其反射無窮，其光量也就無限了。這裡有無限量的工夫，這裡有無限量的施設，這裡有無限量的作爲，這裡有無限量的事業。這既是教化上的「無限」，這就須得教化上的「有爲」。政治的有爲，不同於教化的有爲，乃是「有限」不同於「無限」。

3. 政治的有為與經濟的有為

其次，政治的有爲，也有別於經濟的有爲。政治有爲的對象是眾人的事，經濟有爲的對象則是自然的物。眾人的事，最怕的是攪擾，只要「無擾」，就是治理，所謂「天下本無事，但庸人擾之耳，苟清其源，何憂不治？」（唐陸象先語）這裡用得著的是「減法」，不是「加法」。但自然的物，要拿來利用厚生，作成經濟，卻須得「加工」，須得「創造」。「加工」是無限量的加工，「創造」是個無窮盡的創造。但人事上的「減法」，減到零時，便不須減，更何況一說到減，就不能說是普通的有爲呢？於此，政治的有爲，會與「經濟的有爲」有別，乃是「有窮」有別於「無窮」。

4. 政治的有為與一切建設的有為

此外，所謂政治的有爲，自然也和一切建設上的有爲，大不相同。如國防建設、交通建設等等，雖然不能說是無窮無限，須得有爲，但卻無論如何，不能有一息之鬆懈。這儘會是「大有事在」。說到政治的有爲，則最大的「有爲」的結果，也不過是政治上的「無事」，所謂「聽訟吾猶人也，必也使無訟乎！」於此，政治的有爲，不同於一切建設的有爲，乃是無事不同於有事。

5. 政治無為的真義

而一般所謂政治的有爲，卻分明是把有限當成了無限，把有窮當成了無窮，又把無事當成了有事，全不了然於所有教化的有爲，經濟的有爲和一切建設的有爲，正是到達政治的無爲；而政治的無爲，也正是所以助成教化上、經濟上及一切建設上的「有爲」之道。於此，政治的無爲，是等於教化有爲、經濟有爲加上一切建設有爲之總和，而政治的有爲，卻等於教化有爲、經濟有爲及一切建設有爲之總的萎縮，因爲這政治的有爲，會使教化的無限成了有限，會使經濟的無窮成了有窮，也會使一切的建設的「大有事在」成爲無事，所以政治的有爲或膨脹，就不能不引起其他的總的萎縮。

6. 政治有為的結果與特徵

當一個國家民族之政治的有爲，只顧照政治本身的膨脹，只肯定政治本身的價值，只強調政治本身的意義，而使教化經濟等等爲之萎縮，爲之失其價值，甚至爲之成了無意義時，這便使一個國家民族，限制了自己，限制了自己的進展，限制了自己的生長，限制了自己的努力。當其被限制得無可進展時，他便橫決。當其生長得不再生長時，他便暴烈。當其被限制得無從努力時，他便逞強。橫決便侵略，暴烈便枯竭，逞強便驕矜。不論侵略有無結果，一枯竭便僵化，一驕矜便衰朽，所謂衰至便驕，而驕更衰朽，如此一來，這一國家民族的命運就可想而知了。以往的波斯、斯巴達、馬其頓、羅馬是如此，現在的蘇俄更是如此。

政治的有爲之另一特徵是對當政者的影響。通常在政治的有爲的空氣下，當政者的本人大都是歡喜自用，不能用人；即能用人，亦多是新進喜事之徒，不能施政，即能施政，亦每是全副心力，用在「不容有對立的存在」之一政略上。而這「自用」、「喜事」和「不容有對立的存在」，正是古今中外人類歷史上一切民族衰毀和所有的個人失敗之大關鍵和大原因。就一個民族說，大凡游牧剽悍的民族，其當政者多屬自用喜事和不容有對立的存在，這配合他整個民族的氣質，有時也可以在歷史上放出異彩，但「狂風不終朝，驟雨不終日」，只一下子，也就過去了。在中國歷史上，元就是一個好例子。史載：「元順帝一日閱徽宗畫稱善，奎章閣學士巙巙進曰：『徽宗多能，惟一事不能。』帝問何事？對曰：『獨不能爲君耳，其身辱國破，皆由不能爲君所致，凡爲人主，貴能爲君，他非所尙也。』」這眞是洞見順帝亡國之徵的諫言。元族之興，其當政者之自用喜事和「不容有對立」之毛病，猶不顯著，但當其衰，其當政者之病痛，便大大地發作了。我國兩宋，在遼金元三大游牧民族暴風雨更番之襲擊下，猶能有其二百餘年之堅強的政治生命，那會由於「百事不會，只會做官家」的宋仁宗（周正夫語）一類的皇帝，加上「不用浮薄新進喜事之人」的李沆一類的宰臣，更加上以道自任的周程朱陸一類的士人之共同努力，自然是顯然的。

7.中國農業政治之治道的無為

相反的，政治的無爲，對當政者的薰陶，則會不知不覺地建立一個人事的標準，那便是：

「若有一介臣，斷斷兮無他技，其心休休焉，其如有容焉，人之有技，若己有之。人之彥聖，其心好之，不啻若自其口出，實能容之，以能保我子孫黎民，尚亦有利哉」！（《秦誓》）

這會使整個民旅凝結起來，這也會使整個世界團聚起來，所謂「以中國爲一人，以天下爲一家」，這對國家民族說是立下了萬年不拔之基，所謂「諸夏親暱，不可棄也」，中國民族之長存不棄於天地間，會得力於中國農業政治上之治道的無爲，是不難理解的。再對整個世界說，所謂「不同同之之謂大」，這中國農業政治上之治道的無爲，不分明也是世界大同之一個最重要的基石麼？其實，政治的無爲，並沒有什麼很艱深的道理，那只是把路徑儘量地放寬，本身不「自用」，而讓一切「自用」，本身不喜事，而讓一切「喜事」，本身容許「對立」，而讓一切「和合」；一句話，就是本身無爲，讓一切有爲，並將一切有爲，形成本身之無爲而已。

四、對中國農業政治發展史的認識

1.道家的認識及其禍害

只是中國道家所揭出的政治的無為，對中國農業政治上的治道說，還畢竟是只揭出了上一截，還畢竟遺下了一大截，因之，還畢竟是不夠的。

一部中國農業政治的發展史，會是一部哲學的發展史，因之農業政治是哲學，這在中國的道家，是認識得十分透澈的。

只是一部中國農業政治的發展史，同時又會是一部禮憲的發展史，因之農業政治又是倫理學，這在中國道家，卻認識得十分不夠。

而且一部中國農業政治的發展史，同時更會是一種詩與樂的發展史，因之農業政治是藝術，是詩學又是美學，這在中國的道家，也認識得甚為朦朧。

道家把中國農業政治上的治道，揭出了上一截，從而把握著這上一截，運用著這上一截，其流弊所至，一方面是延緩了中國農業政治的進展，一方面更彎曲了中國農業政治的進展。數千年來，中國的農業政治，始終沒有如何挺立起來，那是由於道家延緩了中國農業政治的進展。數千年來，中國農業政治會時常搖擺不定，那是由於道家彎曲了中國農業政治的進展。以前每一朝代的興起，在天下大亂之後，因人口的大量損失，土地的大量荒蕪，一切顯現出疲憊的神情，一切顯現出停頓的狀態。於是有事不如無事，這時政治上的第一個口號是休養生息。道家的無爲，就在這「無所事事」中，顯出其一種消極的意義。但消極的結果，疲憊更加上疲憊，停頓更加上停頓，於是一切廢弛了，一切軟軟的。由此再進，只有兩途，不是霉爛，就是乾枯。霉爛是腐化，乾枯是僵化，於是女子宦官之禍，殺害忠良，權臣外戚之禍，招來寇亂。這時，所謂中國農業政治，骨子裡會都是一些權謀術數，實即法家之治。雖有時亦能有一二梟雄，崛起其間，不惜「求人才於不忠不孝之中」以削平一切，但因此中土無生人之氣，接著而來的常是游牧民族的入侵。這使中國農業政治始終不能挺立，自然也使中國民族始終不能挺立。這使中國農業政治時常搖擺，自然也使中國民族不能久安。

道家每喜說「取天下」，這便是把「天下」當成一物，隨手取來。爲什麼「無爲」

可以把天下隨手取來？這是因爲天下充滿了對立和矛盾的力量，任其矛盾對消，歸於無力，歸於靜止，從而只利用其爲塊然一物的位置能力，隨手取來，自可無事，自可無爲。然於此不分明是充滿了一種殺氣，不分明是揭示出一種狠心麼？因此，道家之政治的無爲，雖一方面是對中國農業政治的治道成了天道，首先作其玄學之省察的結果，但另一方面卻轉出了「以萬物爲芻狗」和「以百姓爲芻狗」的心腸。這使其昧然於政治是倫理學和不能了然於政治是詩學又是美學，又何足怪？在此，道家之政治的無爲，一轉而爲法家之政治的有爲，自然也是勢所必至之事了。對中國農業政治之治道，只揭出上一截的「無爲」，從而予以把握，加以運用，遂致遺下了其他的一大截，反讓眞正政治的無爲失其眞義，泯其眞相，這是一種危險的事，這也是一件痛心的事。

2.儒家的認識是澈上澈下的

儒家於此，則是澈上澈下的。儒家承認那上一截，儒家絕不遺下其他一大截。儒家認識了政治的無爲的眞義，儒家也指出了政治的倫理化的究竟，儒家說：「政者正也。」又每喜說著「治天下」。那是「子帥以正，孰敢不正」？那是「大禹治水，行所無事」。道家在「無所事事」中，看出了政治的無爲之消極的意義；但儒家卻在這「行所無事」中，看出了政治的無爲之積極的意義。同時儒家認識了政治的無爲的眞義，儒家也指出了政治的藝術化的究竟。「堯舜事業，蕩蕩巍巍，莫非道心發用之實學，所謂一根眞生意，非待作爲而後有也，允曾點浴沂之見，便是堯舜氣象」（王龍溪語），這難道還不是把政治當作詩學，又當作美學嗎？

要知中國農業政治，既然一開頭，就把生命的安頓，作其應有的本質，這便不能讓政治僅僅是一種形式和概念的政治，因之，當一部政治的發展史，是一部哲學的發展史時，必更要求著一部政治的發展史，是一部社會的發展史，同時還更要求著一部政治的發展史，是一部性情的發展史。而且只有這樣，纔能讓生命的政治底安頓，眞正是一種形式概念或理論去密切與社會和性情的契合無間。於此，原理原則，倫常倫理和人性人情，便在中國農業政治之治道裡，都成了澈上澈下的東西。

3. 無為，柔道及道的本身

就中國農業政治之治道的形式概念說，那是無爲之道，但就其治道在倫常教化處落實說，那又是一種柔道，同時就其治道統攝於生命，與性情的超脫處說，那更會就是道的本身。漢光武在儒家的政治思想上是一個理想的君主，史載：「帝（光武）幸章陵，修園廟，祠舊宅，觀田廬，置酒作樂，賞賜，時宗室諸母，因酣悅，相與語曰：『文叔少時謹信，與人不款曲，唯直柔耳，今乃能如此。』帝聞之大笑曰：『吾理天下，亦欲以柔道行之。』」這是政治的無爲，結合於社會，又結合於性情。這是政治的無爲，在倫常教化處的落實，又在民生日用上的落實。只是就中國農業政治的治道上之理想主體說，那還須得由這裡跳出去，不得沾滯，不得帶住，總要靈，總要活，總要大，總要化。史載：「馬援歸隴右，隗囂問以東方事，曰：上（漢光武）才明勇略，非人敵也，且開心見誠，無所隱伏，濶達多大節，略與高帝同，經學博覽，政事文辯，前世無比。囂曰，卿謂如何高帝？援曰：不如也，高帝無可無不可，今上好吏事，動如節度，又不喜飲酒。」這表明一個偉大的生命，就是生命的本身，那是要「皮膚剝落盡，留取一眞實」的，那是要在倫常教化處落實，又要「撒手同行，披襟一笑，直出天地之外，登須彌山頂，以望世間」（王龍溪語），去見出眞性眞情的，雖是漢高祖，仍然難以語此，但那一種姿質之美，總是一種令人可以十分欣賞的人物。

眞正的中國農業政治，是一種眞正的生命政治。生命的本身是道，眞正的生命政治之治道，也是道，因之中國農業政治的治道的究極，同樣是道的本身，同樣是一個道。這道當成了聖道時，那是一個禮憲，一個教化，那是一個直柔之道。這道當成了地道時，那是一個詩，一個樂，一個藝術，那是一個性情之道。這道當成了天道時，那是「行所無事」，那是「無可無不可」，那是一個「無為之道」。

五、真民主，新科學和超現代

只是以無爲之道、性情之道、直柔之道爲內容的中國農業政治之治道，也畢竟是有其限度的，那還須得更有其再一度的落實，和進一步的功能化。

史載：「周公問太公何以治齊？曰：尊賢而尚功。周公曰：後世必有篡弒之臣。太公問周公何以治魯？曰：尊賢而親親。太公曰：後寖弱矣。」

這說明了周公太公的治道，在落實處和功能方面有所欠缺，這也說明了中國農業政治的治道，在落實處和功能方面須有補充。「尊賢」是政治的客觀化，「尚功」是政治的效率化，而「親親」則是政治的情味化，照道理說，這總算是一個國家民族之政治的高度發展，但「親親」終至於「寖弱」，「尚功」終至於「有篡弒之臣」，則由「親親」去再一度落實，就應該是更由「親民」以連接「民主」；同時由「尚功」去進一步功能化，就應該是更由「尚能」，以承受科學。把中國農業政治的治道之無爲化，直柔化，性情化，再加以民主化，科學化。這表明中國農業政治之治道的進展，到達了一個新的階段，這也表明了中國歷史文化之高度的進展，到達了一個新的時代。於此，政治是哲學，倫理學；政治是詩學，美學；政治又是法學和科學；這便構成了中國新農業政治的治道。這中國新農業政治的治道之民主科學化，會正如中國新農業經濟之農業工業化一樣，都是自然而然的事體，也是應當要有的事體。只不過這樣的中國農業政治之治道的民主化科學化，和中國農業經濟之農業的工業化，卻分明已經是全民主新科學和超現代，因爲那已是更高和更美妙的面目了。

第二章

治體

一、聖與王，事與理

就中國農業政治之形上學的見解上說，那會是天下之至頤（雜也）而不可「惡」，那會是「天下之至動，而不可亂」，這是說天下充滿了矛盾對立，天下隨時在破裂變化，只是「天地睽而其事同也，男女睽而其志通也，萬物睽而其事類也（《易經・睽卦象》）」，異裡面有同，塞裡面有通，雜裡面有類。於此，便誰也不應有惡心，有厭情，於此，便誰也不能有亂志，有殺氣。爲的是「君子以同而異」。那是在至純裡認識至雜，那是在至寂裡認識至動，矛盾是構成調協，對立是構成諧同，破裂是構成和合，變化是構成統一。所有矛盾裡的調協，對立裡的諧同，破裂裡的和合，變化裡的統一（Unity in Variety）或多裡的一（Unity in multiplicity），這會是美學上的美的形式原理，這也會是中國農業政治上的政治原理。在這裡如果要利用矛盾，利用對立，那便是有了厭情，有了惡心。那便是以萬物爲芻狗。在這裡，如果要利用破裂，利用變化，那便是有了殺氣，有了亂志。那便是以百姓爲芻狗。

在中國農業政治裡，只是「以同而異」，只是「以不變應著萬變」，只是以至不忍人之心去看著所謂「辯證法」。那是「安常以處變」，那是「明體以達用」，那是深知辯證法裡面有智慧，有妙用，但更有惡心，有厭情，有亂志，有殺氣，因而心知其意，口不忍言！那是寧可選取美學上的美的形式原理，而絕不願運用著經濟學上的死的物質法則。中國農業政治上的第一個任務是「建體」。中國農業政治上最重大的工作是「立極」。「建體」是建「治體」，「立極」是立「人極」。那是要在「天下之至動而不可亂」的大原則下建立治體，那是要在「天下之至頤而不可惡」的一大原則下建立人極。那是以至寂，或至靜，或「安常不變」，去立治體。那是以至純，或至善，或純乎天理，去立人極。

於此，人極連接著治體，中國農業政治之一最大最高的理想，便是聖王之治。但治學通乎人極，治道通乎治體，人極與治體，不必能合，亦不必定求其合，因之本治學以立人極，和本治道所立治體，便各自成一系統。惟雖各成系統，絕非各自爲謀，此使中國農業政治，復成一大開大合之政治，即此聖人的道統和王者的政統，兩相分離而又兩相合作。於此，中國農業政治，除以歷代帝王相繼爲治體之外，復以孔子爲萬世不易之素王。帝王之下有宰相，處理著萬事，素王之下有諸儒，體認著萬理。在中國農業政治上，大家一致的要求是聖與王的爲一和事與理的一致。然此聖王爲一之治，雖古有堯舜，作爲象徵，但終不可再得，而事理爲一之治，雖古有禮樂，作爲準繩，亦終不可多得。此在以前，都只好歸諸天命；惟在今日，自我們看來，實大有商量。

二、真常與制度

事與理爲一之治，是讓眞儒作了宰輔，此在中國農業政治上，猶屬可求。聖與王爲一之治，是讓聖賢作了王者，此在中國農業政治上，不得已而求其次，便是聖賢而爲王者師。然此結合究竟也是可遇而不可求，且以道統而攝著政統，亦有夾纏不清之處，而不復能讓「上帝的歸於上帝，凱撒的歸於凱撒」，反而有兩難兩傷之虞。必須聖賢作了王者以爲治體，這在中國農業政治上，便產生了公天下的傳賢禪讓制。於此產生了聖王之治，但也於此產生了篡弒之臣。不必聖賢作了王者以爲治體，這在中國農業政治上便產生了家天下的傳子傳孫制。於此產生了事理爲一之治，但也產生了亡國破家之人。傳賢以爲治體，其前提爲必須得賢者而傳，和傳之者的不得不傳。當無賢而傳，和不知誰爲賢者而藉口不傳之時，此一制度即失其所以爲治體之效，而須失「常」，而須解「體」。傳子以爲治體，其前提爲必須此子之能任眞儒以爲宰輔，而求於宰相系統中，生出事與理之治．以作聖王之治的實質。但當無眞儒以為宰輔，和不知誰為眞儒而藉口不用，因而自用，終至自暴自棄之際，此一制度即失其所以為「治體」之意義，而須到達一無「常」無「體」之境，必至亡國滅家或天下大亂而後已。

在中國農業政治上，治體的眞實意義是「變合常全，奉常以處變」。在中國農業政治上，治體的眞實作用是「雜因純起，即雜以成純」（皆王船山語）。因之，理想的「治體」，在中國農業政治上，就應當是「眞常」，就應當是「至純」。然則血肉之軀又如何能成「眞常」？子孫之道，又如何能獲「至純」？且「眞常」復須「隨變屢遷而合德」，「至純」更須「積雜共處而不憂」（亦船山語）。在我國以前之宰相系統上，固有「隨變屢遷而合德」之意，與夫「積雜共處而不憂」之妙，然此宰相系統，其上無著，其下無根，其左右亦復無所憑藉，其所任者至重，其所行者至遠，而其所遇如此，這就無怪乎其所能叫出者只是「鞠躬盡瘁，死而後已」的八個字。否則便為權臣，便為奸佞，而大亂大禍，於焉以起。

政治之妙，總在一方面不變，一方面能變。不變則可久，能變則可大。可久是安定，是「富有之謂大業」。可大是繁榮，是「日新之謂盛德」。中國農業政治之大業與盛德，實旨在安定與繁榮。惟不變者之不能眞正建立，而能變者亦就成效無多。這實在是中國農業政治上之治道至善而治體不全的最大的病痛。儒者於此，便常常叫出要「爲天地立心，爲生民立命」。但「欲爲天地立心，必其能以天地之心爲心；欲爲生民立命，必其能以生民之命爲命。今吾人所謂心與命者，果安在乎」？（王龍溪語）其實，天地的心是眞常，在眞常裡見天地。生民的命靠制度，在制度裡安生命。天地要顯見在眞常裡，生命要安頓在制度裡。那一眞常的「制度」和制度裡的「眞常」，會就是中國農業政治上的治體。中國的農業政治，實在是到了一個很高的境地，只是不幸竟有了這一點欠缺，那是萬事俱備，只欠東風。只要眞正的治體一經建立起來，那就會是天清地寧，那就會是民安國泰。

三、治體的建立

1.傳賢與傳子之窮

在中國農業政治上，通常總以爲傳賢是公天下，傳子是家天下。只是公天下更大的意義，是選賢而不是傳賢，因天下眞可因一己而傳與人，則其人即使是賢，也是授受著天下，這使政治客觀化，仍有其限度。而家天下在中國農業政治上本來的意義也不是私天下，而是安天下，那是求治體之更接近於「常」，更接近於「不變」，那不是以天下爲家，以國爲家，而是以家爲天下，以家爲國，這即是家已非私家，而是公家。這不是私有的家，而是客觀化的家。這在本質上不是順情，而是順理，不是爲滿足一家的大欲，而是減免天下的爭端。

到周公確立傳長子制之後，這「家」的客觀化的意義，更爲明顯。只是這「家」的客觀化的保障，卻在中國農業政治上，始終落空。在以前也未嘗不想以師保的制度，促成這「家」的客觀化，但那一種效果，卻是因人而異，十分不定。在以前也未嘗不想以御史的制度，監督這「家」的客觀化，但結果御史因本身也失了保障，乃轉而監督並牽制了宰輔。於是這「家」的眞正客觀化，終不可能，因之，家天下，終造成了中國民族的一個絕大的災禍。

傳賢在政治的客觀化上，有其限度，固未能眞正成爲中國農業政治上之理想的治體。傳子則在家的客觀化上，無其保障，自也不能眞正成爲中國農業政治上之理想的治體。這使中國農業政治在理論上有其很好的治道，可是在事實上始終沒有建設著完善的治體。

2. 以往的限制

只是這究竟也是因爲受有事實的限制，客觀的限制。在如此一個大國裡，地是如此的廣，民是如此的眾，沒有基督教式的宗教，沒有歐美式的科學，沒有現代工業，更沒有現代化的交通，但其政治仍然能夠做到常常會一下子就是幾百年的太平，有一個寃魂，就可以驚動皇上，有一道聖旨，就可以賜死叛臣，其政治上，克服事實的限制和客觀的限度，也不能不說是有其絕大的能力。然究因此事實的限制，因此客觀的限制，使中國農業政治上的治體之建立，在傳賢上，不能有其更大的意義，在傳子上，又失其本來的意義。由傳賢、選賢，竟未能擴為民選，由家的客觀化，竟未能降為民家。儘管在意識上，作為治體者，自承為天之子，而「天視自我民視，天聽自我民聽」，民卻始終未被提起來，作為主體。民看來是「雜」，但「雜因純起，即雜以成純」。民看來是「變」，但「變合常至，奉常以處變」。民猶水也，但「水能載舟，又能覆舟」，而且「上善莫若水」。民如潮湧，但「逝者如斯夫」而「未常往也」。民實在是一「眞常」，民實在是一「至純」。那是一方面不變，一方面又能變。

中國農業政治，在治體上，要建立眞常的制度和認取制度裡的眞常，實應於此有其推擴。所謂「推擴得開，則天地變化草木繁，推擴不開，則天地閉賢人隱」。這是一件鄭重的事，這不是一件隨便說說的事。以前我們受了事實的限制，受了客觀的限制，可是現代科學工業已到了原子能的時代，我們已不復受有事實的限制，我們已不復受有客觀的限制。於此「為天地立心，為生民立命」，固然是時候。於此「為萬世開太平」，也正是時候。

3. 今日的途徑

回顧明代亡國歷史，那可算是殷鑒未遠。明代在哪一方面說，都要超過滿洲人無數倍，但明清之爭，在那時候，卻並未成兩國之爭，那只是明室與滿族之爭，因爲明代那時已不是以皇室代表中國民族抵抗滿洲全族之入侵，而只是以皇帝個人的私心私念和偏急之心腸，指揮著太監，又讓太監監督著軍隊去作戰。如此一來，明朝的一家，又怎能敵得過滿洲的一族呢？本此而論，則在馬克斯與列寧之政治學上，欲以一個階級，一個黨，敵對著一個民族，一個國家，甚至各個民族，各個國家的聯合體，豈非至爲不智？惟其所恃，實在其敵對民族，敵對國家內之階級的分化和黨派的分歧，而成爲力量的減削，以至力量的消滅。如此一個階級，一個黨的力量雖然不大，但總勝於敵對者的力量對消。一個國家民族之眞正的治體的建立，是表示一個國家民族之全體力量的凝結。如此，以各民族國家聯合之天下，以敵一國，則此國必敗。以各階級各黨派協同之國家，以敵一階級一黨派之國，則此國亦必敗亡。因之對一種政治的治體，可以作其純玄學的考察，亦可作其極現實的打算。

四、政治的領導

1.道理與品德

傳賢揖讓制度是中國農業政治的理想的治體，傳子傳孫制度是中國農業政治的不得已而有的治體。只因爲傳賢的理想落空，所以便不得已而落到傳子。惟當傳子制進而確定爲長子制太子制，並以中國農業政治上之外王的治道與內聖的治學作其命脈之下，亦不斷產生著一種以道理與品德爲領導的政治。以道理爲領導，就是禪宗所說的「重法不重人」，也就是現時所謂的「以原則去領導」。以品德爲領導，就是儒家所說的「其身正，不令而行」，此在近代，孟德斯鳩亦主張「道德爲民主政治的生命」。

2. 道理的領導

當一個政治的中心人物，能以道理為領導時，他便會一方面是「百事不會，只會做官家」，一方面是以自己之大，成就人家的高。前者的最好例子是宋仁宗。袁了凡對宋仁宗只會做官家的事，曾闡揚其義，說是「夫惟急所當務，而不屑其所不必務，此明君所以無為而治也」。其實一切任道理，心中便不會有夾雜。於此便可客觀化，便可開誠佈公。於此便可以竭天下之力，便可「竭力以勞萬民」。因之，他自己便像「百事不會」。並且會與不會，在這以道理為領導之際，是毫無關係的。所謂以自己之大，成就人家之高，就是在政治系統之外，更承認教化系統。政治系統是一個大的系統，教化系統是一個高的系統。於此有一個最好的例子，便是漢光武之與嚴子陵。嚴子陵加足於帝腹，便動了天上的星，這雖是一個故事，但政治系統而能眞實地承認教化系統，並服從教化系統，究竟也是一件可以感動天心的事體。范仲淹的〈嚴子陵祠堂記〉有云：「非光武不足以成先生之高，非先生不足以見光武之大。」嚴子陵與漢光武之相得益彰，正是教化系絲與政治系統之大開大合。

3.品德的領導

當一個政治的中心人物，能以品德為領導之際，他便會一方面總以為自己不行，所謂「終身若不勝天子之任」，另一方面總想有一個比他更好的人接替他，所謂「願天早生聖人，為生民主」。這樣便能使政治不斷的向上向前和更向好的地方去。前者最好的例子是漢文帝。史載：「漢文帝終身若不勝天子之任」。曾文正公於其日記中曾說這是最善於形容漢文帝之句，並因之認為漢文帝實是中國歷史上最好的皇帝。說到總想有更好者來接替的例子，那就是後唐明宗。史載：「後唐明宗，性不猜忌，與物無競，登極之年，已逾六十，每夕於宮中焚香祝天曰：某胡人，因亂為眾所推，願天早生聖人，為生民主。」在五代無生人之氣時，這願天早生聖人一念，眞是所謂一念回天，「復其見天之心」。史載：「明宗在位十八年，年穀屢豐，兵革不用，較於五代，粗為少康」。其實，這樣的「用心」，不僅是在五代不可多得，就是在其他的朝代中，也是不可多得。一個政治的中心人物，在品德上最要緊的是容量與風度。惟謙能大，漢文帝之謙，正所以說明漢文帝之大。惟誠能明，後唐明宗之誠，亦所以表白後唐明宗之智慧的別有所在。

五、統治與權力

1. 權力的來源

任何一種政治，總要連帶著一種統治權力，可是這種權力，又從什麼地方來呢？說自己生來就有這種權力，這就無異說這種權力是與生以俱來，但當匹夫而為天子時，這種權力又為何突然而有？且當天子降而為庶民時，此權力更為何突然而無？歐美君主國家的帝王加冕，乃所以象徵這種權力是由上帝賦予，現代民主國家的總統就職，乃所以說明此種權力是由人民賦予。只是上帝與人民都是一種抽象的名詞，代上帝主持加冕典禮的是一個大主教，代人民監督著總統宣誓的是一個大法官。於此，大主教所憑藉的是信仰，大法官所依據的是憲法。說上帝賦予著統治權力，那只是說統治者經由對上帝的信仰而獲得了力量。說人民賦予權力，那只是說統治者經由為人民所公認的憲法而獲得了力量。這裡所獲得的力量之代價，從前者而言，是把自己的生命獻給上帝，從後者來說，是把自己的生命公諸人民。其關鍵的所在是信仰的「同一」或憲法的公認。上帝要通過同一的信仰，才能成爲宇宙的本體，人民要通過公認的憲法，才能成爲政治的主體。在這裡統治的權力，總得由自己這裡推開去，總得要隔一層，總得來一個轉折。因爲如果不是這樣，統治者的生命便無由客觀化，而統治者的權力，便也無由客觀化。當統治者的權力無由客觀化時，這統治者的本身便會顯出毫無力量，而不復能成爲一統治者，其被推倒，便是所謂「吾聞獨夫紂矣，未聞弒君也」。

2.品位與名器

但在中國農業政治裡，這統治的權力，會來得更直截。那卻並沒有隔一層，也並沒有來一個轉折。只不過仍然是由自己這裡推開去，仍然是有其客觀化。這就是所謂「人道敏政，地道敏樹，夫政也者，蒲盧也」。政治是從人道裡很快地自然生長著的，這正如樹木是從土地裡很快地自然生長著一樣，而且還會更顯得容易，有如極易從土中長出的蒲盧。政治是順人道的自然要求而至，政治是順人心之所同然而來。那是在一個成爲所謂精神實體的國家裡，所自然而有的性情的產物。當統治者成爲性情中人時，其統治的權力，亦就成爲性情中事。因之，這種權力的賦予只是連接著一種品位。所謂品位，就是因品德而有的職位，那表白著人性的尊嚴與高貴，也表白著人情的嚮往與提昇。於此，品位可以宏人，而人亦復宏其品位。

品位原只是一種政治上的空架，但「爲政在人，取人以身，修身以道，修道以仁」，這空架子卻成了「仁」的安頓和「道」的安排。從「仁」裡面生出力量，這便使「仁者安仁，智者利仁」，而且使人皆「求仁而得仁」。從道裡面生出力量，這便使「人能宏道」，道亦宏人，而且使人皆相忘於江湖。於此，政治的品位，就成了國家的名器。名器是政治的命脈之所在，因之品位也就是統治的權力之由來。「聖人之大寶曰位」，而帝王之位也不過是一個寶位，一個最上層的位而已。位之「體」爲「品」，位之「用」爲「職」。品是權力的來源，職是權力的應用。「品」是「善與人同」，職則「因人而異」。於此，「善與人同」是一個人的生命之客觀化；「因人而異」是一個人的能力之客觀化。而尊其位，敬其職，便是把自己得來的品位，再由自己這裡推開去，而承認位上有位，自己的品位有限制，使自己永遠是在下位，即使在一個最上層的位中，也是在下位。而所謂上位則是一個至善，一個絕對的善。這就是自己有了統治的權力，又要把權力從自己這裡推開去。所謂「在下位不獲乎上，民不可得而治矣」。

我之統治權力，是由於我的善，總可以逐漸地接近著至善，接近著絕對的善，而在客觀上為人所承認。這就意味我的統治權力，雖非外爍，但總得推開去，使其客觀化，而且也只有客觀化了以後，才顯出是一種權力。當品與位不相稱時，這便是統治的權力之衰頽。當品與位兩相違時，這便是國家的名器之失墮。從前者說，「故君子不可以不修身，思修身，不可以不事親，思事親，不可以不知人，思知人，不可以不知天」。從後者說，政治的第一要務是正名，「名不正，則言不順，言不順，則事不成，事不成，則禮樂不興，禮樂不興，則刑罰不中，刑罰不中，則民無所措手足」。統治的權力的使用，只能使一等於一，絕不能使一等於二，也不能使一等於較一為小，那只是「以人治人，改而止」，那只是讓人各歸其位，那只是使人各歸其根，那只是令人各復其本來面目。

在中國農業政治裡，「自天子以至庶人，一是皆以修身為本」。修身就是「誠身」。誠身一方面是自我的「直道而行」和「不失其赤子之心」，一方面是自我的「擇善固執」和「從容中道」。這就是自我的一方面的簡單化和一方面的客觀化。所謂「誠身有道，不明乎善，不誠乎身矣」。而明乎善，則須知人知天。於此，道德的力量，便是澈上澈下的。至善或絕對的善的力量，就是神明的力量或上帝的力量。秉承這神的力量或上帝的力量者，在政治上說，會是統治的權力。但在中國農業政治上說，既是這神明的力量，或上帝的力量是發自內心，發自性情，那麼統治的權力，便不是外爍，而是固有，只不過要修身誠身以顯發之。既不是外爍而是固有，那便是人人都可成爲統治者，而不是被治，那便是「人皆可以爲堯舜」。既是修身以顯發，那便是人人都應有士君子之行和兼善之責，那便是「君子所過者化，所存者神」。只是「君子素其位而行，不在其位，不謀其政」。道德的力量不結合著品位，不套入於名器之中，那是不會成爲政治的力量和統治的權力的。因之在中國農業政治裡，就必需要正位，從而必需要正名。

但正名也只是要在政治上使一等於一，使實與名相稱，使品與位相當，使眞實的歸於眞實，使形式的也歸於眞實，於是才能有眞實的力量與眞實的權力。有了眞實的力量或權力，才能有眞實的言語，才能有由衷之言，順遂之語，從而有眞實的事業，眞正的秩序和眞正的諧和，即所謂禮樂。有了禮樂，才能談得上刑罰，否則刑罰只是統治權力的濫用，到統治權力濫用時，這便是一個撒但的力量，一個毀滅的力量，這便不僅不能讓人民在一種統治的權力裡，「相忘於江湖」和「求仁得仁」，而且還會「求生不能，求死不得」。於是「時日曷喪，予與汝偕亡」，統治權力的本身，便被否定了。於此，在中國農業政治裡，這統治的權力，用不著轉折，用不著隔一層，那只要一正名，就可以顯發，但必須從自己這裡推開去，客觀化，始能「徵諸庶民」。

3. 向裡做工夫

只是品與位的相當，名與器的相符，那永遠只能是一個接近的數字，那永遠不會是完全相當，完全相符合的。因之，在中國農業政治裡，所謂「至治」，那便永遠是一個理想。作爲中國農業政治之治體的，於此更遇著了一個永遠的難題，而須充分有其絕大的反省。因爲品與位的不能完全相當，名與器的未能完全相符，那就應當自己覺察其統治權力的賦予，永遠不會充分，永遠不會絕對，所以要戰戰兢兢，深知其難。但此深知其難，卻是要其深知向裡面做工夫的要緊，而非要其一味向外作其種種的圖謀，因爲統治權力，在中國農業政治裡，既是靠品位名器所賦予，既是靠修身誠身以顯發，那不是外爍的，又如何能向外用心呢？深知其難而又向裡用力，這便是「如知爲君之難，不幾乎一言而興邦乎」？因爲只有這樣，才可使品與位、名與器，逐漸的更爲相當，更爲相符，而政治也更可接近其理想之境。宋太祖一日退朝，久久不樂，人家問他，他便說「汝以天子易為耶」？這在中國農業政治上，實是一個很好的榜樣。

4. 自我限制

再說中國農業政治的治體上，統治的權力既是內發，而非外爍，即非有所賦予，亦非有所憑依，因之這統治的權力更須自己充分覺察其只有自我限制，始可免於泛濫，免於崩潰。是上帝所賦予的統治權力，會有神意在信其能有時予以限制。是憑依人民所獲得的統治權力，會有民意在立法機構中予以限制。但在中國農業政治裡，這兩種限制都未能有，此在初看之下，實是極為危險可怕的事，因為權力如野馬，沒有了韁羈，那還得了嗎？只是細味著中國農業政治對理性啓發，因而生出的對權力限制的力量，也是很大的。有內發的統治的權力，於是也有了內發的對這權力的限制。漢高祖終身想易太子，但到快死時，見了商山四皓，卻斷然放棄了一生的心事。唐太宗玩著心愛的小鳥，但因見了魏徵來了，便把小鳥置於衣袖中，結果小鳥窒息以死，雖然氣起來自己說道要殺那「田舍翁」，但畢生還是尊崇著那御史。這在中國農業政治的治體上，實在也是個極好的榜樣。只不過這樣一種對權力的限制，還須得要看人的天姿和氣質，一遇昏君和暴主，這就不復能有若何的功效了。

中國農業政治在治體上，解決不了昏君和暴主的問題，只能把它歸之於國運與天命，這就表明著中國農業政治在治體上之需要眞正民主的補充。

5. 一大體系中的一個缺陷

中國農業政治上的一大體系是，由無爲裡見出眞常，由眞常裡見出性情，由性情裡見出簡單化，由簡單化裡見出人物，由人物裡見出風氣，再由風氣裡見出制度。但終因一大客觀化的制度之未形成，遂至眞常之一眞正的治體，未能確切地建立起來。於此，便只能由無爲裡直接去見出性情，以至人物和風氣，而人物之用與風氣之用，亦終未盡。這便是有了缺陷，這便需要一種補充，而眞正民主在今日中國之意義，亦正於此見出。

第三章

治學

一、中國農業政治學的性質

一部中國農業政治學，是一部治學，是一部經世之學，是一部義理之學，是一部心性之學，是一部性命之學或性情之教。

通常政治學要講國家的起源和主權，要講政府的機能和組織，要講政體的種類和性質等。但中國農業政治上的治學卻講的是天下的達道和達德，講的是世上的倫常和「關係」，講的是人類的本性和情誼等等。

中國農業政治上的治學，是由內聖直達外王之學，那原本是聖學，但「千古聖學，本於經世，與枯槁山木不同，吾人此生，不論出處閒忙，亦只有經世一件事」（王龍溪語），於此，義理即是經濟，心性即是政治，一切本於人道，一切本於性情，由此而有國家，由此而有主權，由此而有政府，由此而有組織，並由此而有政權的各別以至政黨政策的分歧。那由內聖直達外王，是毫無間隔，是不須轉折，因而又是澈上澈下的。但其學問的對象，卻是把握著中間的一截，把握著人事，把握著人間，把握著人與人間的關係，把握著人的本身。那看來是像放棄著形而上的一截，像放棄著Metaphysics（玄學），又像放棄著形而下的一截，像放棄著Physics（物理學）。而一般的政治學，卻把內聖直達外王之路，從中一隔，而使其成爲一大轉折，一大迂迴。那原是一種實際的學問，但其學問的對象，大都是一些抽象的名詞，大都是不落邊際。那看來像是關聯著形上的一截，像是關聯著Metaphysics。同時，其學問的對象，又都是一些瑣屑的事體，大都是物的觀點，因之那看來像是關聯著形下的一截，像是關聯著Physics。只是這Metaphysics和Physics兩者都沒有把握到。因之一般的政治學，談不到天理，也談不上物理，形下和形上沒有打通，內聖與外王，永成間隔。反之中國農業政治上的治道，澈上澈下，不須轉折，那由灑掃應對直至盡性知命；那便由人情物理，直達天道天心，所謂極高明而道中庸，對那Metaphysics和Physics兩者雖像放棄，但都切實把握著。這眞是所謂「執其兩端，用其中於民」所以便成爲「大知」了。

二、目標何在

1. 三大目標

中國農業政治上的治學，有其三大目標：第一個目標，在保持並闡發每一個人的一點靈明，一點宿慧，一點道心之本，一點性情之光，這便有如「在明明德」。這「是將此靈性發揮照揭於天下，欲使萬物皆在我光明普照之中，無些昏昧間隔，即仁覆天下之謂」（王龍溪語）。第二個目標，是在極力根據著一點人間的情味，撫慰著每一個人的心腸，從而讓人間是一個精誠的人間，世界是一個美妙的世界，老者是有安頓的老者，少者是如置諸懷的少者，朋友是肝膽相照，心心相印，一諾千金和忠信以為質的朋友，大家不僅僅是「相濡以沫」，而且還會「相忘於江湖」。於是天大地大，人亦至大，尊天親地，自亦親民。全是一番眞心，全是一番敬意，全是一番恩愛，全是一番關切。這便有如所謂「在親民」。王龍溪於此又說道：「大學之道，在明明德，而其功正在親民上用，親者，萬物一體之謂，其幾不出於好惡兩端，民好好之，民惡惡之，不是因人有所加減，蓋我之好惡得其正，自然合於公心，同民心而出治道，所謂絜矩也。」

這第二個目標，自然會是中國農業政治上的治學之一個更主要的目標。第三個目標是在更去把握著人類的向上一機，讓人的國度也如神的國度，讓人間成爲天堂，那是最爲眞實的，也是最爲美妙的，而且更是至善的。這便有如所謂「止於至善」，即止於絕對的善。人間止於至善，止於絕對的善，那便是至善落於人間，絕對的善歸入人世。那一方面是人間成爲天堂，一方面又是天國反成了人間。建立天國於世上，便一切顯現其莊嚴相。這是內聖的治學，直達外王的治道。這亦就是大學之道。中國農業政治上的治學，是大學之道，也是大人之學。在那裡，「政與學原非兩事」，在那裡「上下與天地同流」，宇宙內事皆己分內事。那是「一體之實學，所謂大丈夫事，小根器者，不足以當之」。那是「性外無學，性外無治，平天下者，徵諸此而已」（龍溪語）。那是成己成物之學，那是「合外內之道，故時措之宜也」。而且那還會是「夫婦之愚，可以與知焉，及其至也，雖聖人亦有所不知焉，夫婦之不肖，可以能行焉，及其至也，雖聖人亦有所不能焉」。

從第一個目標說，是要使「人人有士君子之行」，是要使人性復活，是要使心靈醒覺，是要使「復其見天地之心」，是要使「成性存存」，是要使人間的光明普照。

從第二個目標說，是要使「中國為一人」，是要使「天下為一家」，是要使「萬物為一體」，是要使「心誠求之，如保赤子」，是要使「雖有周親，不如仁人，百姓有過，在予一人」，是要「興滅國，繼絕世，舉逸民」，而使「天下之民歸心焉」。

從第三個目標說，那是要「心存萬古，了此大事」。那是要「頂天立地，以萬古豪傑自期，不隨世界轉換」，那是要「終日對越上帝，哪有閒工夫說閒話，管閒事，一處究不澈，多般伎倆，要他何用，須令全體精神，併歸一路，始得相應」。那是「有眞修而後有實悟，一念明定，覿體承當，方是寂然本體」。那是「從渾沌立根，直下承當」，那又是「懸崖撒手，直下承當」（皆龍溪語）。那是「與天地精神相往來」，那是「萬物與我並生，天地與我為一」，但那只是「為人君，止於仁，為人臣，止於敬，為人子，止於孝，為人父，止於慈，與國人交，止於信」。於是，仁是本體，敬是本體，孝是本體，慈是本體，信也是本體，因為那都是澈上澈下的，那都是至善，那都是絕對的善。如此，那便是要每一個人承當著本體，頂立著天地。於是「人各一宇宙」，世上便眞成了人國。那便是眞個如《詩》所云「邦畿千里，惟民所止」的了。這使每一個人各得其所，這也會使一草一木，皆得其所。

2. 全體性的學問

根據著以上所述三個目標所成就的治學，所成就的學問，用現在的流行語來說，那眞是全體性的學問，那眞是綜合性的學問。針對著所謂「道之全」和「道之常」，那就會是「學問之全」和「學問之常」。這和現時一般的政治學，恰恰是一個對照，因爲現時的一般政治學只是學問的一部分，而且也是學問裡的「因時而變」的一支。

現時一般政治學的唯一目標是建立某一群人的秩序，而此秩序則因制度而變，同時制度復因環境而變。但憑什麼造成環境，憑誰突破環境，這卻不聞不問，不識不知了。於此，中國農業政治上的治學，卻緊緊把握著生命的本身，並緊緊把握著人爲主體。由人的生命的本身向外推去，那是一個無限。由人的生命的本身向裡推求，那又是一個無限。以此兩個無限爲兩端，並以一個人的生命的本身去「執其兩端」，如此「建中立極」，就成了一個學問的最大系統。這系統是「語大，天下莫能載焉，語小，天下莫能破焉」。這系統是「建諸天地而不悖，質諸神鬼而無疑，百世以俟聖人而不惑」。這系統是「範圍天地之化而不過，曲成萬物而不遺，通乎晝夜之道而知」。這系統是「肫肫其化，淵淵其淵，浩浩其天」。這系統是以仁爲中，以仁爲把柄，以仁爲座標，以仁爲體，又以仁爲用。這系統是以一個人的生命的本身爲本，爲起點，於此，兩端的兩個無限，是終點，又是末著。這便是一方面由修身而齊家而治國而平天下。天下平了，那便是舜堯事業，「蕩蕩乎民無能名焉」。那是「浩浩其天」。只不過「堯舜事業，也如太空中一點浮雲」。在治學上，這是一個終點，但也究竟是個末著。

另一方面是「欲修其身者，先正其心，欲正其心者，先誠其意，欲誠其意者，先致其知，致知在格物」。物一格了，便是「囗地一聲，泰山失足」。物一格了，便是「外示塵勞，心游邃古」。物一格了，那便是「從混沌立根，不爲七竅之所鑿，充養純氣，待其自化」。物一格了，那便是「一切差別景象，不離當下，囗地一聲，全體放得下，全體提得起，掃盡意識情塵，直至不迷之地，所謂信手拈來，頭頭是道」。物一格了，那便是「從生機中，指個靈竅與人」。如此一來，便會「悟得自己，只有一點靈光，是從生帶來的」。如此一來，便會知道「可自信者，惟炯然一念光明，不令昏散，爲後來了手一著，其他種種，皆屬空華」（皆龍溪語）。這便是「道心發用」。這便是一點靈明。這便是物格而後知致。這便是致了良知。「良知本無知」。一點靈明，也終歸是僅僅一點，「為學日益，為道日損」，在道上，這是本源，在學上這會成為空虛，成為末著。只是「此件事須從萌芽養起，纔從氣魄上湊泊，知識上解會，皆是採枝摘葉工夫，雖使功業蓋世，腳根不穩，終成墮落」（龍溪語）。一般的學問會看不起這一點，但真正的學問，卻必須把捉著這一點。不過，如果僅僅把捉著這一點，而忘卻了這裡還有無窮的工夫和做不盡的事業，那便又是「玩弄光景」，而仍成末著了。一切總要歸於一個人的生命的本身。「廣土眾民，君子欲之，所樂不存焉，中天下而立，定四海之民，君子樂之，所性不存焉。君子所性，雖大行不加焉，雖窮居不損焉，分定故也」。

所謂分定，就是只歸於一個人的生命的本身。如其一切不能歸於一個人的生命的本身，那便「視棄天下，猶棄敝蹝」。同樣，視一點靈明，也會視同魔道。所以在中國農業政治上的治學裡，對天下國家說，那要如「堯舜性之」，對一點靈明說，那要以身體而力行之。不離生命，不離性命，不離生機，不離性情。「性外無道，性外無事」，「致良知從生機入手，乃是見性之學」（龍溪語）。這在另一個意義上，又使中國農業政治上的治學，成為生命之學，成為生機之學，成為見性、復性與治性之學。於此，一點靈明，有無窮之奧秘。人性深度，那更是無所底止。此之謂「淵淵其淵」。只是「淵淵其淵」，所謂「只從一念入微處討生死」，如不能「見諸行事」，便不能「深切著明」，便只是生活在一種觀念裡，便只是生活在一種隱隱約約的狀態中，那不會有其生命的本身的開張，那不會有其生命的本身的受用。

把「浩浩其天」和「淵淵其淵」一齊扣緊著生命，扣緊著生機，這便是把兩端的兩個「無限」，一齊扣緊著性命，扣緊著性情，並扣緊著一個人的身體。此羅近溪所謂之「身爲至大」。因之，一個「天下」，是一件大事，一點靈明，是一件大事，一個「個體」，更是一件大事。由此而切實肯定著一個心靈，那便是「正心」。由此而切實肯定著一個意志，那便是「誠意」。由此而切實肯定著一個家庭，那便是「齊家」。由此而切實肯定一個國家，那便是「治國」。更由此而肯定著一切的價値，那便是眞正的平等。由此而肯定著一切的意義，那便是究極的自由。這使所有的存在，都成了眞實的存在。這使所有的個體，都成了生動的個體。這使天下成了「肫肫其仁」的天下。這使世界成爲「雷雨之動滿盈」的世界。這在中國農業政治的治學上，用儒家的話來說，那是「大學之道，在明明德，在親民，在止於至善」。用現時更爲通常的語言來說，那也不妨說是以「生命的光輝，照顧著生命的個體」，而使「生命」成爲「光輝」，止於一個「通體透明」的境地。這是「以其昭昭，使人昭昭」。這不是「以其昏昏，使人昭昭」。這「使人昭昭」，是使天下之人，歸於昭昭。這「使人昭昭」，是使心靈、意志、知慧以至物質，歸於昭昭。因之，「個體」歸於昭昭，家庭歸於昭昭，國家歸於昭昭，世界歸於昭昭。於此便是：

「知止而後有定，定而後能靜，靜而後能安，安而後能慮，慮而後能得」。

「得」是什麼呢？得是每一個人都獲得了一個世界，一個宇宙，但未喪失著一個生命。

三、義理即經濟

1.經濟在治學上的本義

爲什麼在中國農業政治的治學上，義理即是經濟？

這先要知道經濟在中國農業政治的治學上之本義。

第一，經濟是「利」，是生產。但在中國的農業政治的治學上，利是「利者，義之和也」，生產是「貞者，事之幹也」，而且「利貞者，性情也，乾始能以美利利天下，不言所利，大矣哉」！

第二，經濟是「用」，是「利用厚生」，但在中國農業政治的治學上，則是「精義入神，以致用也，利用安身，以崇德也，過此以往，未之或知也，窮神知化，德之盛也」。

第三，經濟是「富」，是「舉而措之天下之民」的事業，是「富有之謂大業」。只是在中國農業政治上的治學中，則是「顯諸仁，藏諸用」，而且還是「仁者見之謂之仁，知者見之謂之知，百姓日用而不知」。

2.利，生產與勞動

經濟是爲了生命，生命卻不是爲了經濟，因之經濟可有利於生命，而生命卻不可有利於經濟。經濟是只要使生命流著汗，而生命流著汗的意義，只是在對其他的生命有所貢獻，對其他的生命有所安頓。生命是整個的，生命是一個「全」，生命是一個「一」。生命只有在對其他生命的有所貢獻時，才能有其「持續」。生命只有在對其他的生命有所安頓時，纔能有其安頓。生命是顯發在生命的對象裡。生命是存在於生命的關聯裡。一顯發，便齊顯發；一存在，便同存在。於此，一個生命又如何能不流汗呢？生命的流汗，是生命的勞動，也是生命的藝術。這是生命的施捨，但生命施捨的總和，卻正成了生命的收穫。這生命的施捨是義，這生命的收穫便是利。所以說「利者，義之和」。生命的本身是一串事體，生命的意義也因之就在「辛勤的工作」。這辛勤的工作是在使「一串事體」之「托諸空言，不如見諸行事之深切著明」。所以說「貞者，事之幹」。於此，經濟上的生產，是生命的辛勤的工作，也就是生命之貞。這生命之貞，配合著生命之利，是生命的本性，也是生命的至情。但因之「以美利利天下」，卻是「不言所利」，這是經濟之「大」，這是經濟的所以「經國濟民」。這生命的原始事業是經濟，這生命的究極事業也是經濟。這是澈上澈下自始至終的事業。所以不能不是性情的事業，所以不能不成爲性情的事業，亦即「各正性命，保合太和，乃利貞」的事業。

3. 用是什麼

用是什麼呢？「用」是生命的受用。如此一來，「以財發身」是用，「以身發財」便不是用。如此一來，經濟的有用無用，就不是取決於經濟的本身，而是取決於生命的本身，取決於「仁」與「不仁」。經濟是用物，但用物必須使物歸於有用。而使物歸於有用，則是使物歸於有利。這使用物成爲利物。經濟是用物的事業，也是利物的事業。這引用於農業上，既使農業成爲「共生」的事業；這引用於工商業上，也使工商業成爲「互利」的事業。如其農業僅僅成爲「殘生」的事業，這農業的本身，便不復能夠存在。如其工商業僅僅成爲「剝削」的事業，這工商業的本身，也不復能夠存在，不論農業或工商業，甚至軍需工業，只有在生物、育物、利物以至利天下，教天下或威天下的意義上，始能有其存在，有其價值。其價值的所在，不是在用的本身，而是在「用」的背後。不是在用的場合，而是在用的關聯。每一個用，都有其無窮的背景，每一個用都有其不盡的關聯。而且這背景還是一串絕大的背景，這關聯還是一串絕大的關聯。那背景會漸及於一大因緣，一大聚合，一大「易知」，一大「簡能」。那關聯會終於關聯著天下，關聯著蒼生，關聯著萬物，關聯著本體。所謂「斲木爲耜，揉木爲耒，耒耨之利，以教天下」，所謂「刳木爲舟，剡木爲楫，舟楫之利，以濟不通，致遠以利天下」，所謂「弦木爲弧，剡木爲矢，弧矢之利，以威天下」，以致所謂「日中爲市，致天下之民，聚天下之貨，交易而退，各得其所」，這都是說：要利就得整個的利，要利就得全體的利。教以天下，利以天下，就是「威」，也是「威以天下」，而使「各得其所」。此之謂「利物足以和義」，此之謂「貞固足以幹事」。

於此，所謂用與無用，分明是義與不義。分明是「仁與不仁」。這不是取決於經濟的表層，而是取決於生命的實質。所謂「利用厚生」，要利用，就須得厚生，而要厚生，就須得「正德」。正德是精義入神。惟有精義入神，纔可以眞實的致用。致用是全副精神，致用是一片眞摯，致用不能有一毫虛假，致用不能有一點沾滯。那是精誠所至，金石爲開。那是義之所在，天地可格。那會入乎神，出乎神，那會歸於化，離於化。一連串的背景，襯出一用，一連串的關聯，歸於一用。不能精義入神，又如何能眞正談得上致用呢？致用是「利用安身」。利用安身，是利物之用，以安此身。此物至普，此身至大。要利至普之物，以獲至普之物之用，始能安此至大之身，以厚至大之身之生。進而以正至大之身之命，以成至大之身之性，並以盡至大之身之情。如此「各正性命」，「成性存存」，並「情見乎辭」，正所以「崇德」。於是更是一連串的背景，更是一連串的關聯。由此更透過一層，有誰能知其究極呢？知其究極，便是「窮神知化」。但窮神知化，亦不過是「德之盛」。如此再來一連串的背景，再來一連串的關聯，會總是「未之或知」，會總是「未濟」。但在未知裡，而能有生命的醒覺，在未濟裡，而能有生命的安頓，這總算是一個「實用」了。現時代的人，一開口就是實用，總喜歡談經濟，總喜歡談實用，其實經濟哪裡是容易談的事體呢？實用哪裡是容易談的事體呢？

4. 富是什麼？

富是什麼呢？富是財富，富是需。那是生命的滋養，又是生命的潤澤。《易經．需卦》之象爲：「雲上於天，需，君子以飲食宴樂。」飲食所以養生，宴樂所以潤生。水在天下，蒸而爲雲，雲上於天，便生霞彩。這一象徵的意義，從飲食上說：一方面會是耶穌講了道，給五千人分著五個餅二條魚，大家都吃得飽飽的，於是道化成了餅與魚，而餅與魚亦復化成了道。一方面也會是一個極爲通常的人甚至一隻極爲普通的鳥，把食物餵大了它的孩子或是它的小鳥。一會兒，孩子言笑了，小鳥飛翔了，一會兒孩子成了「人類的父親」，小鳥成了天地的一景。孩子爲天地之心，小鳥則爲天地生色，孩子成爲至善，小鳥成爲奇美。這都會有如「雲上於天」。再從宴樂上說：這雲上於天的象徵的意義，更是說明著宴樂實爲整個藝術精神和道德精神之全貌。在那裡有人類間的善意相迎。在那裡有天地間的美的和諧。萬物的生意，在那裡出現。天地的精神，在那裡往來。不管是君臣間的宴樂，不管是父子間的宴樂，不管是夫婦間的宴樂，不管是兄弟間的宴樂，以至朋友間的宴樂，甚至與敵言和的宴樂，那總會是人類人間的一大喜悅，那總會是天地萬物的一大喜悅。是至性至情的流露，就會是至善至美的流露。夜闌人散，宴罷歸來，雖仍空寂。但杯盤狼藉，我醉欲眠，纔是眞實。

在最後的晚宴中，耶穌說那葡萄酒是他的血，說那餅是他的肉。其實，這有什麼稀奇呢？在任何宴樂中，大家的血，不分明是相互流注著麼？大家的肉，不分明是相互貼近著麼？這是水在天下，雲上於天。這是人在宴間，愛極於樂。君子以飲食宴樂，會一方面吞吐著天上的雲霓，也會一方面吞吐著人間的心血。所謂財富，那一方面是浮雲，那一方面也是心血。財富會是一個「惑」，但「留惑」正所以「潤生」。因之，也就儘可以「舉而措之天下之民」，成爲事業。只是當財富舉而措之天下之民成爲經濟的事業時，財富是什麼？「需」是什麼？以至飲食是什麼？宴樂是什麼？大家卻不知不覺或有意立意地忽視了。大家不了然於「富有之謂大業」，大家不承認需是「有孚光亨」。大家是「人莫不飲食也，鮮能知味也」，大家都時常宴樂著，但很少人能知其樂。大家像有一個很簡單的推論，說經濟就是財富，財富便是物質，物質和生命的接觸，是物質接觸著物質。果眞如此，那眞是所謂「物交物則引之而已」。

這還了得麼？這簡直是天翻地覆，這簡直是虛擲乾坤。他們竟昧然於經濟是一種行爲。他們竟昧然於財富是一種呈獻。他們竟昧然於經濟上的財富，是一種行爲上的呈獻，讓物質呈獻其形色香味，接觸著一個人的生命。形是形式，既是形式，就不能是赤裸裸的物質。色是光度，既是光度，就不能不算是一副能力。香是香氣，既是香氣，那就是一種難以想像的微粒，到達著一種精神的狀態。味是味道，既是味道，那所有冷暖、堅柔、脆膩、濃淡，以至沁入肺腑的細嫩的覺察，會都只是一種性質，也是一個性格。而所謂味感，其實也就是「情感」，一種物情的感知。到此，那纔是「物物而不役於物」。到此，那纔是「如以色身見我，不能見如來」。到此，物質纔是以其精神的意義，接觸著生命。到此，物質纔是以其精神的價值，澤潤著生命。如此一來，便成了生命組織著生命，性情綜攬著性情。如此一來，便天清地寧，乾坤定位，而相得忘言，相向無語。這分明是有生命，才有行爲，有行爲才有呈獻，有呈獻才有財富，有財富，才有物質的享用。於此，生命是至仁，生命是至德。在生命「顯諸仁」時，物質纔「藏諸用」。在生命成爲「德之盛」時，財富纔「發其身」。「有德此有人，有人此有土，有土此有財，有財此有用」。要正德，纔能利用。要利用，纔能厚生。於此，「德者本也，財者末也」。但「財聚則民散，財散則民聚」，而且「使粟帛如水火，民烏有不仁者乎」？這分明又是惟有厚生，始能正德。於此，德是本，而「百姓日用而不知」之財，「仁者見之謂之仁，知者見之謂之知」，便又未嘗不是本。生命是本，性情是本，所有契合於生命的都是本，所有契合於性情的都是本。於此王龍溪有如下之言：

「夫道誼功利，非爲絕然二物，爲道誼者未嘗無功，未嘗無利，但由良知而發，則無所爲而爲，由知識而發，則不能忘計謀之心，未免有所爲而爲，本源既殊，支流自別，道誼功利，所由以判，君子於其有所爲無所爲之義辨之，學斯過半矣。」

差異是由於本源的差異，差異不是由於本身的義異。由生命本源而來的是本，德是由生命的本源而來，所以是本，但財富與物質若眞能通過生命的本源，而以其流爲流，並因其流而至，那就應該未嘗不是本。由性情的本源而發的是本，德是由「成性存存」而有，所以是本，但財富與物質，若眞能通過性情的本源，而以其事爲事，並因其事而有，那就也應該未嘗不是本。契合生命的是無所爲而爲，契合性情的也是無所爲而爲。生命的本身無知識，性情的本身無思慮，財富與物質的本身，也無計謀。但生命通過著良知，性情通過著良能，而財富與物質再通過生命與性情，這便是「分明一樣窗前月，纔有梅花便不同」了。

5. 現代經濟學與社會主義

現代的資本主義聚集著財富，但卻昧然於經濟的本義。現代的社會主義，分散著財富，但卻昧然於經濟的功能。而馬克斯的共產主義，自以爲是經濟的社會主義，但卻完全違反經濟，自以爲是科學的社會主義，但卻完全不知物質。

現代的資本主義之所以存在的根據，是「爲之者疾」，現代的社會主義之所以風行的理由，是「生之者眾」。而現代的共產主義之所以維持的本領，卻只是使「食之者寡」。他們都以一般所謂的經濟爲第一，他們都以一般所謂的財富爲至上，他們全不知道經濟不能首出，他們全不知道財富不能孤立。經濟的目的，只是使「財用恒足」，而「生財有大道，生之者眾，食之者寡，爲之者疾，用之者舒」，則財用恒足。要財用恒足，四者不可缺一，而更重要的是「用之者舒」。現代經濟學的開宗明義的第一章，是講「慾望」，馬克斯的資本論的第一章也是講「商品」。一切的道理竟都從「慾望」而來，一切的心腸竟都從商品而至。但在這裡，現代的經濟學，不論是資本主義的經濟學或社會主義的經濟學，以至所謂共產主義的經濟學，都一致陷入了一個絕大的矛盾：就是大家都儘量設法只求以經濟來滿足著欲望，但又儘量設法只求以經濟提高著欲望，這便只能讓一個人和慾望競走著，人們走了一步，「欲望」卻走了兩步，於是科學工藝文明愈發達，而人類社會不僅在心理上，而且在實質上，卻愈來愈是生活艱難，愈來愈是一生潦倒，爲的是經濟不能眞正滿足著慾望，就只能眞正提供了「貧困」。當資本主義把一切商品化了的時候，人性也被商品化了。馬克斯想否定著商品，但結果所至，人性也被否定。眞正的社會主義，於此引起了一個絕大的徬徨。要怎樣使科學不製造貧困，要怎樣使商品不牽連人性，現代的經濟學對此竟無能爲力，現代的社會主義對此也無能爲力。根據這一點，現代的經濟學，必須改造，根據這一點，現代的社會主義也必須重寫。

現代的世界是：「外本內末，爭民施奪」。

現代的世界是：「貨悖而入者，亦悖而出」。

於此分明一個更好的世界的到來，就會是「惟命不於常，道善則得之，不善則失之矣」。

6.正德，利用，厚生

根據以上種種言說，我們會了然中國農業政治上的治學，是在告訴一件事，那就是「長國家而務財用者，必自小人矣」，但也在告訴一件事，那就是「長國家」而不「務財用者」亦「必自小人矣」。

這爲的是：「國不以利爲利，以義爲利」。但也爲的是：「國以利貞爲利，以利貞爲義」。

從「國不以利爲利，以義爲利」來說，那是「義者利之和」。從「國以利貞爲利，以利貞爲義」來說，那是「利者義之和」。

由此而來的公式是：正德——利用——厚生——正德……那是循環無端，儘有其不可盡窮的推演。

此之謂「精義入神，以致用也。利用安身，以崇德也。過此以往，未之或知也。窮神知化，德之盛也」。

此之謂「義理即經濟」。

惟此，纔是「舉而措之天下之民，之謂事業」。

惟此，纔是「顯諸仁，藏諸用」。

惟此，纔是「盛德大業至矣哉」。

四、心性即政治

1. 政治學

正如義理即是經濟，在中國農業政治的治學中，另一個法則，就成了心性即是政治。

《論語》載：「或謂孔子曰：子奚不爲政？子曰：書云：孝乎，惟孝，友於兄弟，施於有政，是亦爲政。奚其爲爲政。」

於此，政治究竟是什麼呢？這在中國農業政治的治學中，是有其解釋的。

《論語》又載：「子張學干祿，子曰：多聞闕疑，慎言其餘，則寡尤。多見闕殆，慎行其餘，則寡悔。言寡尤，行寡悔，祿在其中矣。」

在這裡，一個人從事著政治活動，與一個人從事個人的修養，會究竟有什麼不同呢？這在中國農業政治的治學中，也是有其說明的。

當人家向王陽明問爲政之道時，王陽明卻答以爲學之方。當人家向王陽明問以爲學之方時，王陽明又答以爲政之道。政與學如不能相通，王陽明便不能這樣亂答，也不會這樣亂答。但在此，如以現代的政治的概念，和現代的學術的概念套進去，卻分明是格格不入。

要知在中國農業政治的治學中，「充曾點浴沂之見，便是堯舜氣象」（龍溪語）。像大禹之行所無事，那是大禹的政治。像顏回的不改其樂，那是顏回的學術。但「禹稷顏回同道」，大家的本領，竟是一般。

「人心惟危，道心惟微，惟精惟一，允執厥中」。這是堯舜禹一貫相傳的心法，也是堯舜禹一貫相傳下來的政治。

「既有民社之職，種種簿書期會，便是感應之物，於此磨得心平氣和，不急不緩，以直而動，纔過即覺，纔覺即化，便是格了簿書期會之物，一切酬酢逆順好醜，莫不皆然，非必習靜與讀書，然後爲學也」（龍溪語）。這是一種政治上的磨練，但又同樣作了學問上的磨練。

2. 政治的性質

政治上的號召，必須是正義。革命的動機，必不能是財富。如其不是正義的號召，那便成了政治的征服。如其只是財富的妬嫉，那便成了革命的盜竊。在這裡，不論是政治，或是革命的政治，那總應具備其如次的性質：

第一、那是代表著善意，那不只是代表著統治；

第二、那是代表著光明，那不只是代表著策略；

第三、那是代表著眞理，那不只是代表著權力。

從第一點的意義上說：政治應當是柔腸俠骨，那是「舉直錯諸枉，能使枉者直」，那是心性的一番安排。

從第二點的意義上說：那是「譬如北辰，而眾星拱之」。那是「王道坦坦，王道蕩蕩」，那是心性的一種嚮往。

從第三點的意義上說：那便是「天下何思何慮？天下同歸而殊途，一致而百慮，天下何思何慮」？那是天理的流行，那是精神的顯發，那是心性的透露。

羅素對現代民主政治的批評，有「現代民主政治，是建基於妬嫉」之語，他對馬克斯一流的社會主義之批評，復有「那不是由於對無產階級的愛，而只是對資產階級的恨」之言。其所謂妬嫉，所謂恨，其實都只是一種人類的低級慾望，即佔有慾在作祟，看到他人好一點，自己就眼紅，而所謂「好一點，多一點」，更只是指著「位置與財富」。但財富是什麼，位置是什麼，那卻不聞不問。如其不是「尸位素餐」，而是「品與位合」，如其確是「富而好禮」，並是「藏富於民」，在政治上便只能有對在下位者的同情，在革命上，便只能有對無產階級的熱愛。如其眞對在下位者有其同情，那便只有在政治上肯定無人居下，而不只是把他人拉下來。如其眞對無產階級有其熱愛，那便只有在經濟上使其不復是無產階級，而不只是把他人打下來。如此，才眞正是所謂行仁義於天下。在人類的心性上，每一個人都會有其「向上一機」，在人類的政治上，每一個人都應該給他「向上一提」，只是「拉下」，算不得什麼了不起的政治。只是「打倒」，自然也算不得是任何眞正革命者的心目中的革命。

3. 一張一弛

孔子曰：「一張一弛，文武之道也。」這說明了政治，也說明了心性。「於其弛，不敢不張，以作天下之氣。於其張，不敢不弛，以養天下之力。謹握其樞機，而重用天下，不敢以己情之弛而弛天下也，不敢以己氣之張，而張天下也」（王船山語）。這一張一弛，所謂的「文武之道」，其實就是在政治上的持衡之道和在心性上的簡易之理。這在行政上和在用心上，都是在「上不敢違天之化，下不敢傷物之理」。這「上不敢違天之化，下不敢傷物之理」，一方面是在心性上的盡心盡性，一方面是在政治上的盡情盡力。這兩方面都是有天命，又有人事；有無限，又有「有限」。讓人事愈接近天命，這便讓有限愈接近著無限。讓有限愈接近著無限，這便讓心性上愈不容自己，而在政治上亦愈充其不忍之心。王船山稱宋太祖爲「察其言，無唐太宗之喋喋於仁義也。考其事，無文景之忍人之所不能忍，容人之所不能容也。而天下絲紛之情，優游而就緒，瓦解之勢，漸次以即安，無他，其有善也，皆因心者也。惟心之緒，引之而愈長，惟心之忱，出之而不妄。是以垂及百年，而餘芳未歇」。所謂「二帝三王之治本於道，二帝三王之道本於心，得其心，則道與治固可得而言矣」（蔡沈語）。這豈不就成了心性就是政治麼？天下之協於弛張之宜，那是由於政治之合乎持衡之道。政治之合乎持衡之道，那是由於心性之得其簡易之理。在中國農業政治之治學中，那會是「易則易知，簡則簡從，易知則有親，簡從則有功。有親則可久，有功則可大，可久則賢人之德，可大則賢人之業」。這便使中國農業政治之幾千年來的成就，不僅是功業而且是德業。

4. 大當與大順

在中國農業政治的治學中，其心性上的一個企求是「致中和」而「參天地」，其政治上的一個企求是由「大當」而至「大順」。

這就是說：在一個人的心性上，「喜怒哀樂之未發謂之中，發而皆中節，謂之和，中也者，天下之大本也，和也者，天下之達道也，致中和，天地位焉，萬物育焉」，而所謂「參天地」，即是由一個人的有限到達著無限，其所恃有的一個把柄是：「惟天下至誠，為能盡其性，能盡其性，則能盡人之性，能盡人之性，則能盡物之性，能盡物之性，則可以贊天地之化育，可以贊天地之化育，則可以與天地參矣」。

說到在一個國家的政治上，那便是「夫古者，天地順而四時當，民有德而五穀昌，疾疢不作，而無妖祥。此之謂大當」。這「大當」是人類世界的第一次大諧和，在此第一次的大諧和中，會無所謂「政治」，也會無所謂「非政治」。但當此第一次的諧和失墮之後，由此而再來一個眞政治，以獲其眞諧和，這便是人類世界的第二次大諧和。這第二次的大諧和，是使人事切合著天命。「故無水旱昆蟲之災，民無凶饑妖孽之疾」。這是第一步。故「天不愛其道，地不愛其寶，人不愛其情」。這是第二步。「故天降膏露，地出醴泉，山出器車，河出馬圖，鳳凰麒麟，皆在郊棷，龜龍在宮沼，其餘鳥獸之卵胎，皆可俯而窺也」。這是第三步。到這裡，便是所謂大順。這是使物物各得其所，從而到了物我爲一，並從而到了替天行道。爲什麼能夠如此呢？「則是無故，先王能修禮以達義，體信以達順」。這一大順，是心性即爲政治。這一大順，已遠非第一次之「大當」。這是眞正的政治，這是眞實的諧和，「故此順之實也」（語皆見《禮記》）。

5. 更張

在中國農業政治的治學上，最引爲戒的事是多事更張。孔子曰：「吾從周。」王船山於此加以案語道：「非文武之道，隆於禹湯也，文武之法，居所世守，而安焉者也。」孟子曰：「遵先王之法。」王船山於此復案道：「周末亡，王者未作，井田學校，所宜遵者，周之舊也。官習於庭，士習於學，民習於野。善者其所風向，失者其所不安，利者其所允宜，害者其所能勝，慎求治人，而政無不舉。」在這裡，政治上需要俠骨，需要正義，需要改革，但更需要柔腸，需要慈祥，需要故常。政治上一切的好辦法，如果沒有好的人去執行，總是落空的。同時，政治究竟是一種正面的事業，有了正面的安排，則反面的排斥便會不成問題。所謂「舜有天下，選於眾，舉皐陶，不仁者遠矣。湯有天下，選於眾，舉伊尹，不仁者遠矣」。在這裡，做起來，像是毫不費力，但卻須得當政者個人方面在心性上有一番眞實的安排。惟英雄能識英雄，惟仁人能舉仁人，這「能識能舉」，就是一種大本領大學問。要知有個人心性上的眞實安排，才會有大眾的政治上的眞實安排。此之謂心性即是政治。

6. 使民稱便

在中國農業政治上的治學中，最重要的事是：總要使民稱便。一切的措施，須得無聲無臭，眼前的路徑，須得大量張開。政治總是坦途，政治總不應該是險徑，政治總是大道，政治總不應該是曲徑，務須人人可識，務須人人可通，務須人人可行，務須人人可到。要不須宣傳，大家就可見到，要不須訓練，大家就可做得。所謂「其身正，不令而行」，所謂「苟子之不欲，雖賞之勿竊」。大眾的政治上的一項措施，總要是大家的心性上的一種嚮往。一切是順民心，一切是順民性。於此，當政者的生命，已不只是個人的生命，而須爲生民立命。於此，當政者的生命，已是客觀化了的生命，而須與民命爲一。如此一來，便大家都有了一個生命的安頓，如此一來，便大家都不會有了一個世界的落空。此是人類政治上的眞正要求，此是人類心性上的眞正嚮往，此之謂，心性即是政治。

7. 忘其為政治

在中國農業政治上的治學裡，有一個政治上的最終目的，那也是政治上的最高的理想，就是政治要使人忘其爲政治。所謂「日出而作，日入而息，鑿井而飲，耕田而食，帝力於我何有哉」。這其實，不是否定政治，而是更深的肯定政治，贊揚政治。要知「只有病人才用得著醫生」，健康的人用不著醫生。但不論是病人或健康的人，卻都須得醫生在旁。不過，一個因爲用他，可以知道他。一個因爲不用他，所以忘了他。於此忘了他，對醫生的眞正使命而言，不分明是更好了嗎？只不過由這「帝力於我何有哉」

上，再向上推去，還會儘有其更高更妙的層次，這便是「天下何思何慮」。天下何思何慮，不是天下無思無慮。這只是「鼓萬物而不與聖人同憂」，這只是「惟深也，故能通天下之志，惟幾也，故能成天下之務，惟神也，故不疾而速，不行而至」。那會是眞的「天迎流行」。那會是眞的「精神顯發」，那會是眞的「用九，見群龍無首，吉」，那會是眞的「乾元用九，天下治也」。到眞正的「天下治」時，那便會是「聞在宥天下，不聞治天下」，那更會是「知周乎萬物而道濟天下」。能以道濟天下，便會使天下成道。於此頭頭是道，肉身亦復成道。於此，天下同歸而殊途，一致而百慮。於此，「用九，天德不可爲首」。於此，政治之爲政治，還不就是要令人忘其爲政治麼？一花一世界，一葉一菩提，一個庭園也是天下，一草一木都見出性情。一切是心性的透露。在這裡，「上下與天地同流」，政治又何能例外？此之謂心性即政治。

五、性情之教

1. 減法與保守

因爲在中國農業政治的治學中，義理即是經濟，又因爲在中國農業政治的治學上，心性即是政治，這便使一部中國農業政治上的治學，就等於一部性情之教。

一部性情之教，會也是一部禮樂之教。那是天地的一大秩序之教，應用於人間；那是天地的一大和諧之教，應用於人世。在那裡，因爲義理即是經濟，所以農場即是畫室，工廠即是樂章。在那裡，因爲心性即是政治，所以機關即是學校，廊廟即是山林。

因爲中國農業政治的治學是一部性情之教，所以在中國農業政治的治學裡，那是學大而治小，那是學重而治輕，那是學先而治後，那是學內而治外。而且還因爲中國農業政治的治學是一部性情之教，所以在中國農業政治的治學內，學的方面，會用的是減法，而治的方面，則用的是保守。

程明道說：「我這裡用的是減法。」所謂「減法」是「惟精惟一」。所謂減法是「存天理，去人欲」。所謂減法是「皮膚剝落盡，留取一眞實」。所謂減法是「世未有浮華不黜而能完養其精實者」。所謂減法是「終日學，只是復他不學之體。終日慮，只是復他不慮之體。無工夫中眞工夫，非有所加也」。所謂減法是「經綸之學原於立本，與天地同其化育，一毫無所倚，其機不外於一念才微，此學脈也。古人之學，不求聲名，不較勝負，不恃才智，不務功能，此四者念中一有所著，皆倚也」（龍溪語）。在中國農業政治的治學上，學是在「理會性情」，這爲的是：那已成了性情之教。要知理會性情，就是「保攝元氣之道」（龍溪語）。總須人人見出性情，總須事事見出性情，總須物物見出性情，總須時時見出性情。人間是性情的人間，天地是性情的天地，這樣便能生天生地生人生物。「纔有臆度，便屬知解，纔有湊泊，便落格套，纔有莊嚴，便涉氣魄」。而且一個人也只有「不從痛癢上起迴護見，則包裹自去，不從名色上起照管見，則扭捏自除，時時是眞性直達，乃是眞放下，時時是眞性流行，乃是眞舉揚」。同時所謂減法，正是所以獲其整數，獲其完全，獲其平滿，而眞能自信其「萬物皆備於我」。因爲「若是見性之人，眞性流行，隨處平滿，天機常活，無有欠缺，自無安排，方爲自信也」（龍溪語）。要知「減法」本身就是一個學，減至無可減時，便是一念明定，便是一點靈明，「於此得個悟入，方是無形象中眞面目，不著纖毫力中大著力處也」（龍溪語）。

2.保守的真義

所謂中國農業政治的治學中，在治一方面的「保守」又會是什麼意義呢？

《宋史》載：「李文靖（李沆，眞宗朝賢相）自言曰：居位無補，唯中外所陳利害，一切報罷，可以報國。」這意思是說，政治絕不能是「玩花樣」，而一般利祿之徒，浮薄之士，卻偏愛在政治上玩花樣，講新鮮，講味口。他們哪裡會知道，「至道本淡，淡之一字便是吾人對病之藥，纔冷淡便見本色，纔鬧熱便落世情，此中非見解所能湊泊，非氣魄所能支持，自痛自癢，惟自知自力而已」（亦龍溪語）。要知有味口就有厭棄，有新鮮就有陳腐。有花樣就有熱鬧。天下之事何一非敗於熱鬧，敗於花樣，敗於味口，敗於新鮮？王船山於《宋史》此一段記載，特加以深心之論曰：

「所謂大臣者，以道事君，此可以當之矣。道者，安民以定國，至正之經也。秉道以宅心，而識乃弘，識惟其弘，而志以定，志定而斷以成，斷成而氣以靜，氣靜而量乃可函受天下而不迫。天下皆函受於識量之中，無不可受也，而終不為之搖也。大矣哉，一人之識，四海之藏。非有道者，孰能不驚於所創聞，而生其疑慮哉？……」就在這一點上，船山就認為李沆是：「迥出於姚元之，陸敬輿，司馬君實之表遠矣。」

在李沆之前的所有宰相中，船山只認為漢朝的丙吉勉強可以比得上。丙吉如何？史載：

「丙吉為人深厚不伐善，自曾孫（漢宣帝，孝武曾孫也）遭遇，吉絕口不道前恩，會掖庭宮婢，自陳嘗有阿保之助，辭引使者，丙吉知狀，上親見問，然後知吉有舊恩，而終不言，上大賢之。及為相，嘗出，逢群鬥，死傷不問，逢牛喘，使問逐牛行幾里矣。或譏吉失問。吉曰；民鬥，京兆所當禁，宰相不親小事，非所當問也，方春未熱，恐牛近行，以暑故喘，此時氣失節，三公調陰陽，職當憂。時人以為知大體。」

自己對人家有好處，有恩典，怎樣也不說，因為對人有恩，有好處，那只是性分以內的事，這難道也用得著在口裡說嗎？老百姓打架，那是法律上的事，那是吏治上的事，那是事功性的問題，那是局部的事體，對這一類事體，可加以處置著的人士，已是到處設立著，遠遠近近，時時刻刻都有。政治上的學問，不在這裡應用，政治上的本領，更不在這裡表揚。這以上會儘有「學」在，這以上會儘有「事」在，這學就是「治學」，這事就是「治功」，宰相要知治學，宰相要識治功，丙吉在這裡是有學有功，而李沆在這裡，更是有學有功，所謂有功，就是「保守之功」。於此，船山更說：

「……天有異時，地有異利，人有異才，物有異用，前之作者，歷千祀，通九州，而各效其所宜，天下雖亂，終亦莫能越也，此之所謂傷者，彼之所自全，此之所謂善者，彼之所自敗，雖仁如舜，智如禹，不能不有所缺陷，以留人之指摘。識足以及此矣，則創制聽之前王，修舉聽之百執，斟酌聽之長吏，從違聽之編氓，而天下各就其紀……」

所謂「保守」，那一方面是保任一個國家的空間之大，另一方面是守住一個國家的時間之長。只有一個偉大的國家，才有其一個偉大的歷史文化。只有有其一個偉大的歷史文化，才能有其一個偉大的傳統。只有有其一個偉大的傳統，才能有其一個光榮的保守。而且能保守，就是創發，能保守，就是綿延，能保守，就是偉大，能保守，就是光榮！在傷裡求全，在敗裡求善，就是在亂裡求治，變裡求常。孔子曰：「殷因於夏禮，所損益可知也，周因於殷禮，所損益可知也，如有繼周者，雖百世可知也。」禮樂是性情的產物，政治也是性情的產物，而性情中的事，則是「前聖後聖，其揆一也」。那是一個根源，那是一個常道。一點點缺陷算得什麼？一點點指摘算得什麼？只要本性無虧，只要本情是實，保任他，守住他，這是必要的。政治是天長地久的事業，性情是天高地厚的家當。一個大制度，一訂立了下來，自然應該是「雖百世可知」。於此，一個爲政者還能夠而且應該去「自我作古」，以至「功成自我」嗎？

在中國農業政治的治學中，有學一方面的減法，便自然而然會有治一方面的保守。所謂保守，那不過是「創制聽之前王」。所謂保守，那不過是「修舉聽之百執」。所謂保守，那不過是「斟酌聽之長吏」。所謂保守，那不過是「從違聽之編氓」。而且所謂保守，那不過是「使天下各得其紀」。而且所謂保守，那不過是「讓萬物各得其所」。開闢好了的路，儘可任人走，同時任人走得久了的路，也儘可成爲一個好的路。路不在多，路不在新，總要便於人走，並便於人走得安樂而康寧。此於政治亦然，此於治學，亦復如是。被馬克斯稱爲現代政治經濟學始祖之法國魁士耐氏（Quesnay）說：「中國文物制度，有與自然同其悠久不變之性質，故能於四千年中永續繁榮。」這只是人家的話，這只是旁觀者的話，這只是一種知者見知的話，我們可以不管，我們不必加以辯論，也不必因之有其歡喜。只不過，就我們自己說，我們是深歷其境，冷暖自知。我們對所謂傳統，所謂保守，是因爲對自己的歷史文化有所認識。我們對自己的歷史文化有所認識，是因爲我們對自己的國家民族有所愛好。而我們對自己的國家民族有所愛好，則是因爲這國家民族，已成爲大家的精神的實體，和大家的性情的產物。於此人家對我們的說法，是知者見知，而我們自己對自己的說法，和我們自己對自己的保守，則是「仁者見仁」和「仁者安仁」。因有所不忍，故有所不棄，因有所不棄，故有所不易，因有所不易，故有所保、有所守，同時也因爲有所保、有所守，故能有爲有猶，可久可大。這意義在中國農業政治的治學中是深遠的。

3. 學大治小

爲什麼在中國農業政治的治學裡是學大治小呢？那是因爲這學是所謂「覺」。那是「纔動即覺，才覺即化」。那是要理會性情，並理會性情之全。而所謂「治」，則只是性情中事，而且是性情中的一事。「君子所過者化，所存者神」，君子是成學之稱，而治則只是化的一端和神的一瞥。「君子之德風，小人之德草，草上之風必偃」。君子是成德之稱，而治則只是這風流的一角。要知在中國農業政治的治學裡，這學就是中和位育，而「中和位育」即「宇宙在手，萬化歸身」。說到這治，那只是「以有爲爲應跡」，那只是「於日用貨色上，料理經綸，時時以天明應之，超脫得淨，如明珠混泥沙而不污，乃見定力」（龍溪語）。

爲了這學，便思「得天下之英才而教育之」之樂，這是君子的三樂之一。說到治，在這三樂中，那是「王天下而不與焉」。這學是性內事，針對著這學，治卻成了性外的一物。那是「君子所性不存焉」。一切是價值的顯現，一切是意義的表白。而這學，則是一切價值的顯現之全，和一切意義的表白之全，因爲有了他，才有了覺，才有了光明的普照和仁的被覆，這便使一切顯其價值，具其意義。於此，這治卻只是全價值中的一個價值，全意義中的一個意義。這學是讓性情貫注著學術，讓學術形成著文化。而這治，則只順著這一趨勢，讓文化指導著政治之一環，或一節拍。到這裡，在中國農業政治的治學上，便不能不是學大而治小。孔子是被稱爲素王之人，但歷代的帝王，卻要祭著孔子，這便是在中國的農業政治的治學上，一個學大而治小的象徵。

4. 學重治輕

爲什麼在中國農業政治上的治學中，又是學重而治輕呢？於此孟子曰：「仁言不如仁聲之入人深也，善政不如善教之得民也，善政民畏之，善教民愛之，善政得民財，善教得民心。」

在中國農業政治的治學內，學不僅是仁言，而且是仁聲。在中國農業政治的治學內，學就是教，教就是學，而且學是心學，教是心教，所以學可明心，教可得心。善政雖可得財，但「信如君不君，臣不臣，父不父，子不子，雖有粟，吾得而食諸」？（《論語》齊景公言）。所謂「君君，臣臣，父父，子子」，這在中國農業政治的治學上，就是學。齊景公問政於孔子，而孔子所對，其實就是這個學。而學大而治小，學重而治輕，舉其大者，便小者在內，舉其重者，而輕者就可不必更提了。王龍溪說：「吾人居官行政，不出賞罰，賞罰所以飾喜怒之應跡，而本源在於未發之中，有未發之中，方有應節之和，而喫緊用力，其機在乎一念之良，立此謂之立本，達此謂之達道。」在中國農業政治的治學中，學的重點，就在此「立本」與「達道」。治在這方面，則是此「一本」之枝葉，和此道之發露。所謂學重而治輕，那只是說本重和道重，所重者本，所重者道，天下有本，則天下昌隆，天下有道，則天下治矣。有本則有流，有道則有事，有學則有治，在這裡的路徑，十分直捷，十分單純。有子曰：「其爲人也孝弟，而好犯上者鮮矣，不好犯上而好作亂者，未之有也，君子務本，本立而道生，孝弟也者，其爲仁之本與？」於此，不作亂，就是治，「爲仁」就是學，學是學爲仁。在這裡孝弟是一個起點，是一爲仁之本。不作亂是爲仁而有，並自然而有的一個效果。因此治也自然而然是學的一個效果。重點總要放在學上，所以在中國農業政治的治學中，就成了學重而治輕。一個人在這所謂「學」裡，那眞是「一念戒懼，則中和得而性情理矣，一念攝持，則聰明悉而耳目官矣，一念明察，則仁義行而倫物審矣」。這原只是「一事」，但「了此一事，何事不辨，眞不係今與古，己與人也」（龍溪語）。我人以天下爲重，天下誠非爲輕，然較之此學，則此學尤重，嚴子陵之高，可以成就漢光武之大，於此，嚴子陵所引以爲重者，就是這個學。

5. 學先治後

再說在中國農業政治的治學上，那是學先而治後。這意思的最好表白是：凡是一個王者，便必然會有其「王者師」。孟子對伊尹佐湯定天下的事說道：

「伊尹耕於有莘之野，而樂堯舜之道焉，非其義也，非其道也，祿之以天下，弗顧也，繫馬千駟，弗視也，非其義也，非其道也，一介不以與人，一介不以取諸人，湯使人以幣聘之，囂囂然曰：我何以湯之聘幣為哉？我豈若處畎畝之中，由是以樂堯舜之道哉？湯三使往聘之，既而幡然改曰：與我處畎畝之中，由是以樂堯舜之道，吾豈若使是君為堯舜之君哉？吾豈若使是民為堯舜之民哉？吾豈若於吾身親見之哉？天之生此民也，使先知覺後知，使先覺覺後覺也，予，天民之先覺者也，予將以斯道覺斯民也，非予覺之，而誰也。思天下之民，匹夫匹婦，有不被堯舜之澤者，若己推而內之溝中，其自任以天下之重如此，故就湯而說之，以伐夏救民。」

在「位」的上面，湯是伊尹的上司；但在道的方面，伊尹是湯的先生，湯之於伊尹，那是「師焉而後臣之」。從位上說，那是治上而學下，但從道上說，那是學先而治後。治上而學下，那是世俗的方便。學先而治後，那是道理的遵從。學是「先知」，是「先覺」，而治則是「覺後知」，「覺後覺」。堯舜之道是學，堯舜之澤則是治。「其自任以天下之重」，是學，其「就湯而說之以伐夏救民」，是治。這都是所謂「學先而治後」。亦惟有「學先而治後」，才能讓人以天下為己任。亦惟有「學先而治後」，才能讓人「先天下之憂而憂，後天下之樂而樂」。亦惟有「學先而治後」，才能讓人「高尚其志，不事王侯」。亦惟有「學先而治後」，才能讓人「鞠躬盡瘁，死而後已」。否則，從學上說：那便是「吾人所積不厚，精神易於洩漏，才智易於眩露，汲汲然求見於世，只是不能潛，未免於易世成名之心，不足以達天德」（龍溪語）。從治上說，那便是「使天下之士」「枉己以從人」，而無由「正己以正物」。要知凡是「大有爲之君，必有不召之臣」。於此，在學與治上，便是兩得。這即是既成全了人家的「高」，成全了人家的「學」，又成全了自己的「大」，成全了自己的「治」。此之謂「大有爲」。否則，如其是必不能有不召之臣，那便是只能有自己的「大」，自己的「治」，而不能有人家的「高」，人家的「學」，如此有大無高，便一切成了平面，有治無學，便一切成了死寂。所謂「夷狄之有君，不如諸夏之亡也」，在這裡，一切的價值和意義，都無由顯現，無由表白。

漢高祖見了四皓之來臨，便打消了他平生想更換太子的心事，這是讓學限制了自己，並讓自己的生命逐漸地客觀化，而知所謂治者，並非「首出」。明太祖「爲天下屈四先生」，這才請出了劉基，宋濂等人，這是讓學指導了自己，並讓自己的政統接上一個道統，而知政統並非一切。在中國農業政治的治學上，學的在先，那是「抱道自重」，那是「全體放得下，全體提得起」，那是希求著「日應萬變而常寂然，方是大鎮靜，方是經世之實學」。在中國農業政治的治學上，治的在後，那是「尊賢」，那是「重道」，那是「凡自高的必降爲卑，自卑的必升爲高」，而且是「你們中間，誰願爲大，就必作你們的用人，誰願爲首，就必作你們的僕人」（語見《馬太福音》）。於此，學先而治後，在一個國家的現實政治上的應用，便是；其一，政治當局必須禮賢下士，其二，教育文化必須置於首位，其三，內政是制禮作樂的內政，其四，外交是文化交流的外交，其五，財政是量入爲出，而不是量出爲入的財政，其六，交通是爲了開發和開化，而不是由都市到達都市的交通，其七，經濟是義以爲利，生產第一的經濟，其八，國防是「明王有道，守在四夷」的國防。……這應用下去，是可觸類旁通，而無窮盡的。總之，於此「學先而治後」，會有其很好的應用，也會有其很高的應用。

6. 學內治外

現在更說一說在中國農業政治的治學中，那是學內而治外。所謂學內而治外，用以前的術語來說，那就是內聖而外王，用現代的話來說，學是知，治是行，那是內知而外行。一個戰爭有兩個戰場，一個是在實驗室，一個是在火線上。一個政府有兩個首腦，一個屬於智囊團，一個屬於執政者。由這學內而治外，再引申下去，則在中國農業政治的治學中，更會是學普而治專，又會是學虛而治實，又會是學崇而治卑，又會是學聚而治散，又會是學健而治順。孔子曰：「子欲善而民善矣。」一念之間其機至微，然其效則至大，由此引申則我心思治，民心思治。到民心思治時，天下便治。否則我心思亂，民心思亂。到民心思亂時，天下便亂。於此，思想便是行動，行動便是力量，所謂「子帥以正，孰敢不正」，但在這裡，須一切是正面的。「即知即行」，知是正知，行是正行，如此力始為大力。思想是所以出「神明」，這所以出「神明」的思想就是正，就是善，否則就是反面的，就是所謂利，那只是「所以興機變」，而機變究不能成為眞正的思想，那可以利用思想，但不能成為思想。思想必須是正，必須是善，於此王龍溪有言曰：「善者虛明湛然之恒體也，利者晦濁黯然之形容也，主於善，為陽為公，主於利，為陰為私……一以出神明，一以興機變」。「思曰睿，睿曰聖」，所謂內聖而外王，那只是有諸內，即有諸外，有諸己，乃求諸人，這須得從一念之微，戰戰競競，反省體察，不能有一點鬆懈。

要知內聖外王之學，乃性情之教，亦即性命之學，「若不從一念微處，徹底判決，未免求助於外，以為賁飾，雖使勳業格天，譽望蓋世，揀盡世間好題目，轉眼盡成空華，與本來性命，未有分毫交涉處」（龍溪語）。故外王必須由內聖推擴而出，外王只是「見諸行事」，只是「推擴得開」，同時內聖亦必須「見諸行事」，那纔不致托諸空言．那纔不致生活在觀念裡。內聖亦必須「推擴得開」，那纔能「天地變化草木繁」，那纔能「天地設位，聖人成能」。內聖只是歸根，只是反本。外王只是外推，不是務外。由根直發，由本直達。那便是中國農業政治的治學中之所謂學。發於事業，達之天下。那便是中國農業政治之治學中的所謂治。這可說明著學內而治外的一個大體的輪廓。但由其所引申之義，更可悉其究極。

第一，那所引申而出的所謂「學普而治專」，是意味著「學的無所不在」而治則爲專業，並爲因人因時、因地因事制宜的事體。孔子曰：「天有四時，春夏秋冬，風雨霜露，無非教也，地載神氣，神氣風霆，風霆流形，庶物露生，無非教也。」這「無非教也」，就是無非學也，一切對我們是教，我們對一切是學。教無所不在，學亦無所不在。教是一個宇宙人間的整個的教，學亦是一個宇宙人間的整個的學。這教是通教，這學亦是通學，由此而得到的天下的英才，也就是通才。那不會是曲學之士，那也不會是專門人才。可是治卻是一個專業。做事是少數人的做事，領導是少數人的領導，參與是少數人的參與，犧牲是少數人的犧牲。子貢問曰：「鄉人皆好之，如何？」子曰：「未可也。」「鄉人皆惡之，如何？」子曰：「未可也，不如鄉人之善者好之，其不善者惡之。」要談治，必需要尊重少數、借重少數和看重少數。做事的要專家，領導的要通才，參與的要仁人，犧牲的要志士，所有志士仁人通才專家，都是少數。要治就須得於普天之下，選拔任用這些少數。

所謂「愼求治人，而政無不舉」，所謂「其人存，則其政舉」，這裡的「人」，只能是少數。所謂「多數」那是必須放置。那是「只可使由之」，那是不必一定要個個人都將其抓得緊緊的，讓天下人都喘不過氣來。只是「取決」卻必須是「多數」，而且還須得是「全體」。否則便會「身有所忿懥，則不得其正，有所恐懼，則不得其正，有所好樂，則不得其正，有所憂患，則不得其正」。尊重多數，取決多數，服從多數，以至全體，正是將自己的生命客觀化，將自己的生命公諸大眾，將自己的生命，推擴得廓然而無礙無滯，活潑無倚，安閒自在，全是本色。孟子曰：「左右皆曰賢，未可也，諸大夫皆曰賢，未可也，國人皆曰賢，然後察之，見賢焉，然後用之；左右皆曰不可，勿聽，諸大夫皆曰不可，勿聽，國人皆曰不可，然後察之，見不可焉，然後去之；左右皆曰可殺，勿聽，諸大夫皆曰可殺，勿聽，國人皆曰可殺，然後察之，見可殺焉，然後殺之，故曰國人殺之也。如此，然後可以爲民父母。」這一種眞正對少數與多數的了解與認識，便使「治」成專業，而必須因人制宜，因事制宜，因時制宜，因地制宜。那不僅是技術而且還是「藝術」。運用之妙，全在一心，並全在一心之正，此之謂「學普而治專」。

第二，由學內而治外所引申之義，乃學虛而治實。在中國農業政治的治學中，從學的方面說，那是一個象徵的宇宙，那是一個理世界。從治的方面說，那是一個血肉的宇宙，那是生世界。「天行健，君子以自強不息」，「地勢坤，君子以厚德載物」，「雲雷屯，君子以經論」，「山下出泉，蒙，君子以果行育德」。諸如此類，那便是《易經》上每一個卦爻，都為一象徵，宇宙內每一現象，都為一啓示。那會象徵著一個理世界，那會啓示著一個理世界，那是符號，那是太虛，那亦是正智，那亦是正理。由此而生生化化，陰陰陽陽，便有了所謂「治」。這使「治」面對著一個血肉的宇宙，和一個生命的世界。因之成了至眞至實，而絲毫無所假借，完全不能苟且。所謂「如有王者，必世而後仁」，所謂「善人為邦百年，亦可以勝殘去殺」，誠哉是言，那便自然而然的會是學虛而治實。

第三，由學內而治外所引申之義，為學崇而治卑，這在中國農業政治的治學上，意味著「知崇而禮卑」。《易・繫辭》載：「崇效天，卑法地。」由此而「天地設位」而「易行乎其中」。所有「變化裡的統一」，或「多裡的一」，會顯示在那裡；而所有「統一裡的變化」或「一裡的多」，也會同時顯現在那裡，於此「即一為萬，即萬為一，無一無萬，而一亦忘」（龍溪語）。如此「成性存存」，便是「道義之門」。如此以言此「學」，則「學成而才自廣」。如此以言此「治」，則「機忘而用自神」（亦龍溪語）。這便使學崇而在上，這便使治卑而在下。然一以高明，一以廣大，實兩得之。「天下有道，以道殉身，天下無道，以身殉道」，和「當今天下，捨我其誰」，以至「天生德於予」，這些是道崇德崇，亦就是知崇，學崇。「好察邇言」，「聞善言則拜」，以至「不恥下問」，「詢及芻蕘」，這些是樂善樂道，亦就是自謙自卑。治必須從卑處見出，所以說學崇而治卑。

再說到學聚而治散，那是由學內而治外所引申出來的第四義。在中國農業政治的治學中，從學的方面說，那又是「君子學以聚之，問以辨之，寬以居之，仁以行之」。那又是「君子敬以直內，義以方外，敬義立而德不孤，直方大，不習無不利，則不疑其所行」。那是「含萬物而化光」。那是「自耕稼陶漁以至爲帝，皆取人以爲善」。那是「爲道切近而優遊」（象山語）。那是「不嚴肅則道不凝」。而在治的方面，則一切要散得開，一切要洒得脫。那是「財散則民聚」。那是「不洒樂則機不活」（龍溪語）。「舜禹之有天下也而不與焉」，這就是散。「道一而已矣」，但在治上卻要散而爲萬事，散而爲萬物。於此學復須聚爲一，從而「一以貫之」。不聚，則不能合，不合，則不能成爲系統。不成系統則不能貫。而不能貫，亦復不能分，從而更唾棄這系統。此於此學如是，而於此治則不然。治則不散，不能分，分不清楚，即合不攏來。治要不成系統，惟此不成系統，始能自成體系，自合天則。所謂「天何言哉？四時行焉，百物生焉，天何言哉？」這就是一個大系統。王龍溪說：「以手持物，終日握固，會有放時，不捉執而自固，迺忘於手者也，惟無可忘而忘，故不待存而存。要無心於天下，要有天下而不與，始能得天下，始能有天下。」這「不捉執而自固」，以至「不待存而自存」，就是散。治要使「近者悅，而遠者來」，這就不能把天下圈起來，而須得把天下散開去。這在中國農業政治的治學上，便是所謂學聚而治散。

至於說到學健而治順，這是由學內而治外，所引申出來的第五義，也是究極的一義。內聖外王必須於此，始能易簡而理得。在中國農業政治的治學上，由學大而治小，便自然可推出學重而治輕。由學重而治輕，也自然可以推出學先而治後。由此再推進一層，便是學內，由此更推出一層，便是治外。由學內治外所引申之諸種意義，也自有其層次。由學普而治專，也自然會到達著學虛而治實。由學虛而治實，也自然會達到著學崇而治卑。再由學崇而治卑一推，便是學聚而治散。凡此諸義，是理論的依理而言，也是現實的如實以說。所謂內聖外王之學，會就是這裡所說的學內治外之學。世惟此學至健，因爲此學實是一「學之全」，實是一「學之通」，實是一「學之體」。世亦惟此治至順，因爲此治實是一「治之大」，實是一「治之本」，實是一「治之極」。這學是「乾以易知」，這治是「坤以簡能」，乾健故學亦健，坤順故「治亦順」。王船山有言曰：「惟能以健歸知，以順歸能，知不雜能，能不雜知，爲善用其心之機，善用其性之力，以全體而摩盪之，乃能成乎德業而得天下之理。」

這「得天下之理」，就是此學。這能「成乎德業」，就是此治。此學之健，是此學之極。此治之順，是此治之極。中國農業政治上的治學，其義至簡，其道至易，如以一言以概之，那只是「修己以安百姓」。如再以一言申之，那只是「篤恭而天下平」。惟其至易，所以至健。惟其至簡，所以至順。於此，中國農業政治上的治學，實是一種徹內徹外、至健至順之學。徹內則以健歸知，徹外則以順歸能，從而「知不雜能」，那就是慧，更從而「能不雜知」，那就是誠。這大慧與至誠，皆由不雜，這不雜就是純。所謂「文王之德之純，蓋曰文王之所以爲文也，純亦不已」。學一純，便是眞學，治一純，便是至治。所謂純，就是上天之載，無聲無臭。孔子告子夏曰：「哀樂相生，正明目而視之，不可得而見也，傾耳而聽之，不可得而聞也。」

此學亦是「不可得而見」，此治亦是「不可得而聞」。聞見之學非此學，聞見之治非此治。中國農業政治上的治學，是無聲無臭之學，亦是遠離聞見之學，因爲那是一部經世之學，那是一部義理之學，那是一部心性之學，而且那還是一部性命之學或即性情之教。

第四章

治術

一、簡單化的含義

在中國農業政治上，由其無爲的治道下來的，會自然而然地是一個極力尋求著「常數」（Constant）的治體，由其極力尋求著常數的治體下來的，會自然而然地是一個以義理即經濟，心性即「政治」的治學，再由此義理即經濟、心性即政治的治學應用下來，便是中國農業政治上所特有的簡單化的治術，即以簡單化爲治術。

在中國農業政治之簡單化的治術中，其所謂簡單化，有如次之含義：

第一那是寬大；

第二那是實在；

第三那是一致；

在寬大方面，那是只求通行，只求力行，不求宣揚。於此，力行近乎仁，一切是出於慈心，應以悲懷，而行以好意。

在實在方面，那是只求實效，只求節約，不求急速。於此，儉以養廉，一切是出於廉明，應以安閒，而行以和緩。

在一致方面，那是只求一貫，只求經久，不求劃一。於此，純亦不已，一切是出於單純，應以原則，而富於彈性。

王船山於其《宋論》中曾言：「民之恃上以休養者，慈也，儉也，簡也，三者於道貴矣，而刻意以為之者，其美不終，非其道力之不堅而不足以終也，其操心之始無根，而聊資以為用，懷來之不淑，不能久掩也。」

在寬大力行方面，那亦可說是船山所謂之慈，但那卻非老子所說「慈，儉，不為天下先」之慈，因在寬大力行而行以好意的裡面，還儘會有其一種「明體達用」的智慧。以故，寬大就是識大體，力行就是大處著眼、小處下手，而好意就是一片仁心，一番眞意。

在實在節約方面，那亦可說是船山所謂之儉，但那卻非老子所說「予有三寶」之儉，因在實在節約而行以和緩的裡面，還儘會有一種「貞固不移」的情操，以故「實在」是立大本，「節約」是「與其奢也寧儉」，而和緩就是「從容中道」，就是「剛毅木訥」。

在一致經久方面，那亦可說是船山所謂之簡，但那卻非所謂「居簡而行簡，不亦大簡乎」之簡，因在一致經久而富於彈性裡面，還儘會有其一種「以簡御繁」和「以一攝萬」的本領。那是「化繁爲簡」，那是「由萬見一」。以故「一致」是定原則，「經久」是求其可久可大，而「富於彈性」則是「四通八達」和「頭頭是道」。

二、道的發展與術的發展

1.慈儉簡和以往的政治

以上所列中國農業政治上的治術，用現在的政治學上的觀點來看，那麼這裡所談的正是所謂治道，因現時政治學上一般所說的治術，是政治策略，那不能就等於是政治的道理。他們都認爲政治的策略，可以合乎政治的道理，但也有時可以不合於政治的道理，甚至違反著政治的道理。政治的策略被認爲「手段」，而政治的道理，則似乎只能談一些冠冕堂皇的目的，以致不知不覺間成了一種在內政上是宣傳的口號，在國際上是外交的辭令。但這在中國農業政治上，卻並不如此，那是絕對不認爲政治的策略，是可以不合於政治的道理，甚至可以違反著政治的道理的東西，那是極力肯定著政治的道理和政治的策略，乃是一體的兩面，又是即體即用和體用不離的東西。中國農業政治用治術一詞，統稱著現時所說的政治的道理和政治的策略，而於治術之上更有其治學與治道，這使歷史成爲道的發展，而非術的發展，這使政治成爲道的發展，而非術的發展。因之，中國農業政治上的治術，在幾千年來都是一脈相承，而可以概括之爲船山所言「慈儉簡」的三個字。只是幾千年以來此「慈儉簡」之一治術的應用，卻有其層次之不同，其所獲得之治效，有再傳而止的「文景之治」，有及子而亂的「貞觀之治」，亦有「一人之澤施及百年」的宋太祖之始。於此治效之有大有小、有久有暫的原因，不在治術之本身，而在治術之上，有能盡道有不能盡道之故。在中國農業政治上，治術實非可以割裂之物，亦非可以孤立的東西，更非可以假借之事體，得其術又得其道，則大治。得其術而略得其道，則小康。惟失其術又失其道則大亂。若得其術而失其道，那最多只能獲其暫時之治。若眞獲其道，則必獲其術，道固可貫之於術，非若術之可離於道。於此王船山論文景之治，有言曰：

「文景之修此三者，無餘力矣。乃其慈也，畜刑殺於心，而姑忍之；其儉也，志存厚實而勤用之；其簡也，以相天下之動而徐制其後也。老氏之術，所持天下之柄者在此，而天人不受其欺，故王道至漢而闕，學術之不貞者爲之也。」

在中國幾千年來農業政治上，得其治術而略得其道，但因未修或未識其治學，遂只能獲其再傳而止之治效者，那是一個很好的例子。由此，船山更論貞觀之治曰：

「唐太宗之慈與儉，非有『異心』也，而無固志。故不爲已甚之行，以售其中懷之祕，與道近矣，然而事因跡襲，言異衷藏，蒙恩者幸承其惠，偏枯者，仍罹其傷，若於簡，則非其所前聞矣，繁爲口說，而辨給奪人，多其設施，而吏民滋擾，夫惟挾恢張喜事之情，則慈窮而忿起，儉困而驕生，惡能凝靜，以與人休息乎？」

那是說就是在治術中，唐太宗也只能有其慈儉之行，而無居簡之術。同時，其慈儉之行雖合治術，但究「有老氏處錞之術以亙于中，既機深而事必詭，有霸者假仁之美，以著於外，抑德薄而道必窮」。只不過，如此一來，爲什麼還會出現中國歷史上有名的貞觀之治呢？第一，那是由於唐太宗之「才足以持之」，第二，那還要知道所謂這貞觀之治，其基礎實在薄弱之至，因之，那只好「及子而亂」，而「不復能望之後嗣」（亦船山語）。

在三代之後，船山獨稱宋之治謂：

「宋自建隆，息五季之凶危，登民於衽席，迨熙寧而後，法以斁，民以不康，由此言之，宋其裕矣。」

宋治之所以裕，實由宋太祖之故，船山說太祖無文景與貞觀之患，並謂太祖爲：

「起行閒，陟大位，儒術尚淺，異學不亂其心。怵於天命之不恒，感於民勞之已極，其所爲厚柴氏，禮降王，行賑貸，禁淫刑，增俸祿，尙儒素者，一監於毒民侮士之習，行其心之所不安，漸損漸除，而蘇其喘息，抑未嘗汲汲然求利以興，求病以去，貿愚氓之愉快於一朝，以不恤其久遠，無機也，無襲也，視力之可行者，從容利導，而不尸自堯自舜之名，以矜其美，而刻責於人。」

照此說法，宋太祖看起來，實是毫不驚人，毫沒有什麼了不起的作法，但其所以爲人所不及之處，正在這些看起來毫不驚人和毫沒有了不起的作法之地方。他做起來甚爲自然，並甚爲老實。就因爲自然，所以不費氣力，就因爲老實，所以全不鋪張。不費氣力，就顯得從容，不事鋪張，就全無做作；能從容則其機便活，無做作，則其誠著。誠著則慈，機活則簡，既簡且慈，便不儉而儉。簡則民便，慈則民安，儉則民裕。民既便矣，又安且裕，所以稱治。於此所稱之治，看來平平，但其實深遠；看來零碎，但其實有體；看來無何規模，但其實是把路徑敞得開開的，可以任後繼的人，竭其才智，盡其心思，而便於行走，樂於行走。於此宋太祖治術之本，在慈儉簡三者之中，乃以簡爲重，那是因爲他「簡以行慈，則慈不爲沾恩之惠。簡以行儉，則儉不爲貪吝之謀」，而且他還是「無所師，故小疵不損其大醇，無所仿，故達情不求詳於文具」（皆船山語）。所以連簡也簡得自然而朗朗爽爽。但在此簡之後，尤有一大本存在，而能使在「光武以後，太祖其迴出矣」。於此，船山繼論太祖云：

「雖然，尤有其立本者存焉，忍者薄於所厚，則慈亦非慈，侈者必奪於人，則儉亦非儉，文帝之忮淮南，景帝之削吳楚，太宗之手刃兄弟也，本已削，而枝葉之榮皆浮榮矣。宋祖受太后之命，知其弟不容其子，而趙普密譖之言，且不忍著聞而亟滅其跡。是不以天位之去留，子孫之禍福，斲其惻怛之心，而不爲之制，廓然委之於天人，以順母而愛弟，蹈仁者之愚而固不悔，漢唐之主，所安忍懷慚而不能自戢者，太祖以一心涵之，而坦遂以無憂，惟其然也，不忍之心，所以句萌甲坼，而枝葉向榮矣。不忍於人之死則慈，不忍於物之殄則儉，不忍於吏民之勞則簡，斯其慈儉以簡也，皆惟心之所不容已。雖粗而不精，略而不詳，要與操術而詭於道，務名而遠於誠者，所繇來遠矣。仁民者，親之推也，愛物者，民之推也，君子善推以廣其德，善人不待推而自生於心，一人之澤，施及百年，弗待後嗣之踵以爲百年也。」

2.以簡開國和簡的純度

以「簡」開國，及以簡開數百年之基業者，除宋太祖以外，自然要算漢高祖和漢光武。漢高祖之簡，是得之於豁達大度，漢光武的簡，是得之於敦厚直柔，而宋太祖的簡，是得之於平實純素。高祖的簡，是大氣渾成，光武的簡，是源泉混混，而太祖的簡，則是春草叢生。在春草叢生中，看來是頗多夾雜，但其油油然不盡之生意，儘多本根。高祖有「毋乃太簡」之神情，光武則甚有「居敬行簡」之意味，若太祖之簡，既非大簡之天姿，亦乏居敬之實養，然儘不失其為簡，並不失其為簡之自然與夫簡之平實。從天姿上說，高祖之簡是一個極峰，那是無可無不可。從人物上說，光武之簡，是一個頂點，那是在簡裡已讓其生命與觀念及社會合而為一，切近於道。但太祖於此兩者，雖俱未臻上乘，未至妙境，然依天姿說，高祖之下，不能不推太祖，從人物上說，光武之後，不能不以太祖為迴出。高祖之簡，簡在「大開」，胸中幾不著一物，心中更全無體系可言。光武之簡，簡在「大合」，胸中幾包羅萬象，心中儘有其一大體系。而太祖之簡，則若開若合，亦開亦合，簡在開合之間。胸中「小疵不損其大純」，心中無事不害其有事。在簡之中，亦儘自成一種典型。其所以能成為一「簡」的典型之故，要之，在於其一種「不忍之心」。其心之所不容已，即爲其「簡」之所自而來。光武之簡「待推」，而太祖之簡則「不待推」。在這裡，太祖之簡，更近於高祖，惟高祖之簡，究居於待推與不待推之外，故又另成一格，無須併論。然簡之能不待推，便自然而善，自然而慈，自然而有一番惻怛之心，並自然而有其儉樸之美行及其眞實之事業。其爲迥出，自不待言。船山之論，實是透闢。

爲什麼簡可以開國，爲什麼簡可以提挈著天下，並可期諸百年，期諸久遠呢？這因爲國家是精神的實體，天下是精神的匯聚，時間是精神的流注。惟簡則精神可顯，惟簡則精神可通，惟簡則精神可久。用現代的名詞來說，宗教精神沒有簡，則必著魔；藝術精神離了簡，則必入邪；道德精神不識簡，則必支離；而科學精神失掉簡，亦必有其茫然若失之情；企業精神失掉簡，終必有其嗒然若喪之態；民主精神失掉了簡，更必生其紛然不定之志。一切的「大事已了」，其所以終必會「如失至寶」，「如喪考妣」，「如無所主」者，皆因無簡之開啓，皆因無簡之提挈，皆因無簡之貫注。只不過簡之背後，如果沒有一點東西，如果沒有一個因，如果沒有一個本，則所謂簡便不是「清明在躬」的簡，便不是「氣志如神」的簡，這只是一個簡單的簡，原始的簡，結果的簡和數的簡。要知簡是「大化流行」的簡。簡是「太初有道」的簡，那是氣的簡。要知簡是「始條理」的簡，簡是「終條理」的簡，那又是理的簡。簡的後面，必然會有一個「易」，必然會有一個「知」，必然會有一個「仁」。易則盡成生化，知則通體透明，而仁則是性情之全。如此，凡事出之以簡，簡便開朗，以至可以開國。如此，一切出之以簡，簡便提起，以至可以提挈天下。若更「溥博淵泉，而時出之」，那便可期諸百年，期諸久遠了。在這裡「易以知險，簡以知阻」，大開大合，靜翕動闢是簡，澈上澈下，靜專動直也是簡。惟簡便純，惟純便簡。純乎簡便一上而爲易，純乎易便一下而爲簡。王船山有言云：

「夫彌亘初終而持之一貫，亦至難矣。虛中忘我以順應萬變，勉其所至，而行乎無疆，亦至繁矣。則奚以言乎易簡？曰惟其純也。」

惟其是純，所以「信之篤而用之恒，不驚萬物之變，而隨之以生誠，則歷乎至難，而居天下之至易」。惟其是純，所以「己不居功而物自著，受物之取而咸仍其故，則歷乎至繁而居天下之至簡」（亦船山語）。以簡開國，以簡提挈天下，其能否期諸百年，期諸久遠，則視此簡之純度。亦即視此簡究有其如何以「立本」之處。

三、寬大

1.平情之善術

今再申論中國農業政治之簡單化的治術中，其所謂簡單化的第一義，即寬大。

船山有言曰：

「夫先王之以凝命守邦而綏天下也，其道協於張弛之宜，固非後世之所能及，而得其意以通古今之變，則去道也猶近。」

要治術接近治道，在中國幾千年來的農業政治中，常是著眼於弛，而張則須寓於弛，所謂「張於密勿」，以使人於不知不覺中「敬以行簡」。於此，船山《宋論》云：「宋初，吏治疏，守令優閒，宰執罷政出典州郡者，惟向敏中勤於吏事，寇準，張齊賢非無綜核之才也，而倜儻任情，日事遊宴，故韓琦出守鄉郡，以晝錦名其堂，是以剖符爲休老之地，而不以民瘼國計，課其乾理也，且非徒大臣之出鎭爲然矣，遺事所紀者，西川遊宴之盛，殆無虛月，率吏民以嬉，而太守有遨頭之號。其他建亭臺，邀賓客，携屬吏以登臨玩賞，車騎絡繹，歌吹喧闐，見於詩歌者不一，計其供張尊俎之費，取給於公帑者，一皆民力之所奉也，而獄訟徵徭，且無暇以修職守，導吏民以相習於逸豫，不憂風俗之日偷，宜其爲治道之蠹也滋甚，然而歷五朝，百餘年間，民以恬愉，法以劃一，士大夫廉隅以修，萑葦草澤，無揭竿之起，迄乎熙寧以後，亟求治而督責之令行，然後海內騷然，盜夷交起，繇此思之，人君撫有四海，通天下之志，以使各得者，非一切刑名之說所可勝任，審矣。」

一切刑名之說，都有如將一把弓拉得緊緊，一不小心，便是弦斷。在中國農業政治中，最忌的是申韓，是法家。自秦朝亡後，幾千年以來，都莫不以秦爲戒。像宋初政治上的弛廢逸豫，用現在的眼光來看，那簡直是豈有此理。不過在這「一弛」裡，卻儘有其簡單化的治術中的寬大作用，故反而形成了一種「平情之善術」。於此，船山繼云：

「宋初之御天下也，君未能盡敬之理，而謹守先型，無失德矣，臣未能體敬之誠，而謹持名節，無官邪矣，於是而催科不促，獄訟不繁，工役不損，爭訐不興，禾黍既登，風日和美，率其士民游泳天物之休暢，則民氣以靜，民志以平，里巷佻達之子弟，消其囂凌之戾氣於恬愉之下，而不皇皇然逐錐刀於無厭，懷利以事其父兄，斯亦平情之善術也。奚用矯情於所不堪，惜財於所有餘，使臣民迫束紛紜，激起而相攘敚哉？」

惟有寬，始能大，惟有大，始能平，惟有平，始得盡其情，惟有盡其情，始能盡其力。所謂寬大，所謂平情，那只是自己少用一點力，而讓人人都能有其用力之處，自己少致一點意，而讓人人都能有致意之事。於此，寬大倒聯結著力行，而平情正是最好的說教。寬大是「其言足以興，其默足以容」。寬大在個人方面，那是「文思安安」，其於天下，那又會是「竭力以勞萬民」。只因爲是「以逸道使民」，所以是「勞而不怨」。無所謂的緊張，不必要的緊張，枉費心機的緊張，白花氣力的緊張，正是一切事情所以廢弛的原因。反之，正當的弛，適當的弛，息心息慮的弛，養精蓄銳的弛，正是一切事情所以開張的道理。而寬大於此，即所以養天下之力，養天下之氣，並所以養天下之志，養天下之心。因之，寬大實就是「寬以居之，仁以行之」。那是「黃裳元吉，文在中也」。那是「含弘光大，品物咸亨」。由此，而更「雲行雨施，品物流行」，那便是「保合太和」，那便是「乃見天則」。所謂「確然示人易矣」，所謂「隤然示人簡矣」，那會是寬大的原因，也會是寬大的結果。

2.力行與宣揚

寬大是所謂量，惟有量，始能言智，始能言用，始能言行。船山於〈論楚漢相爭〉中有言曰：

「成而不傾，敗而不亡，存乎其量之所持而已，智非所及也。量者心之體，智者心之用，用者用其體，體不定，則用不足以行，體不定，而用或有所當，惟其機也。機者發而可中，而不足以持久，雖成必敗，苟敗必亡，故曰，非智所及也。」

行是行其所知，用是用其所有。只是「執德不宏，信道不篤，焉然為有，焉能為無？」而且「愛之欲其生，惡之欲其死，既欲其生，又欲其死，是惑也」。又如何能說是知？無所知而行，無所有而用，則行必須另找理由，加以解釋，而用亦必須另覓藉口，加以宣揚。無量之人必躁，而「躁人之辭必多」。「力行近乎仁」，而「仁者其言也訒」。惟欲「仁以行之」，便不能不「寬以居之」。此量所以為「心之體」，並為心之所居，而為智之所自出。無體之智，僅為智光之一閃，此所謂機，自「不足以持久」。於此，一切鋪張，一切做作，一切表白，一切宣揚，皆歸無用。行之愈力，敗之愈速，言之愈多，亡之愈慘。因之力行，必聯結於寬大，而無所取於宣揚。「成而不傾，敗而不亡」，則「存乎其量之所持」，其他都是次一著。在量裡面，自然會有智慧，在智慧裡面，自然會有實用，在實用裡面，自然會去力行，在力行裡面，自然會不求宣揚。所謂「天下有道，行有枝葉。天下無道，言有枝葉」，船山於《宋論》中說呂夷簡進位宰執，始條列時政以陳言，有失大臣之道。並說：

「在昔李太初（沆）王子明（旦）以實心體國，奠七十餘年社稷生民於阜安者，一變而爲尚口紛呶之朝廷，搖四海於三寸之管，誰尸其咎？豈非倡之者在堂皇，和之者盡士類，其所繇來者漸乎？」

要知「爲政不在多言，顧力行爲何如耳」，於此「宣揚」固爲惡習，條奏亦非必要。宰相之所以「靖邦紀而息囂淩」，實不在「待煩言以聳眾聽」。而且「宰執有條奏矣，侍從有條奏矣，庶僚有條奏矣，有司有條奏矣，乃至草茅之士，有喙斯鳴，無不可有條奏矣」。這樣一來，便成多事，便不是簡單化之道。條奏之弊，尚且如此，宣揚之病，其害可知。

只求宣揚，會無助於力行，而只求力行，則有助於寬大。寬大是逸，是「弛」。力行是勞，是「張」。而宣揚則是枝與游。所謂「中心疑者其辭枝，……誣善之人其辭游」，這會使「勞」而無功，「張」而無用。反之，心逸身勞，而身勞正所以助心之逸。神弛氣張，而氣張亦所以補神之弛。這用現代的話來說，寬大是一種道德精神和一種藝術精神的表現，而力行則是一種科學精神和企業精神的表白。「宣揚」於此，既於道德精神與藝術精神無所肯定，而於科學精神與企業精神，亦只能有其渙散的作用。只不過一種科學精神與一種企業精神，在其一張與一勞裡面，卻儘可使一種藝術精神更爲生色，並儘可使一種道德精神更爲有力。所謂「力行近乎仁」，於此，實亦可獲其新解。道德精神與藝術精神所以求其通，而科學精神與企業精神則所以求其專。通是屬於綜合性和涵養性的事情，而專則是屬於分析性和事功性的問題。通須求其全，求其廣，而專則須求其分，求其深。通須開朗，而專則須緊湊。開朗是規模，緊湊是構造。在道德精神與藝術精神中，求其氣象，求其規模。而在科學精神與企業精神中求其制度，求其構造。於此，寬大中的力行，便是一種大氣象下的制度的建立，和一種大規模裡的構造的完成。這一種大氣象下的制度的建立，在政治上，用以前的話來說，便是「爲生民立命」，讓人民個個都能有其生命的安頓，都能有其生命上制度底安頓。這一種大規模裡的構造的完成，在政治上，用以往的話來說，便是「爲萬世開太平」，讓人民個個都能有其生活的安排，都能有其生活上的實質底安排。於此，寬大中的力行，便是所謂「張於密勿」。於此，寬大中的力行，便是所謂「協於弛張之宜」。這「張於密勿」，就是通行。這「協於弛張之宜」，亦不過是只求通行。通行之體是寬大，通行之用是力行。那是以寬大爲體，以力行爲用，以宣揚爲多餘的。這一件事，在中國農業政治上，便成就了簡單化的治術中之簡單化的第一義。這因爲寬大和力行都是簡單化的原因又是結果。

3.量與簡單化

爲什麼寬大是簡單化的原因又是結果呢？寬大即是量，而「量者，體定於恒者也，體定於百年之長慮，而復機不失於俄頃之利鈍」（船山語）。如此便是安常處變，以一御萬。在政治上，生死成敗，都會一齊給它簡單化起來，此船山論漢高祖所謂：

「既以身任天下，則死之與敗，非意外之凶危，生之與成，抑固然之籌畫，生而知其或死，則死而知其固可以生，敗而知有可成，則成而抑思其且可以敗。生死死生，成敗敗成，流轉於時勢，而皆有量以受之。如丸善走，不能踰越於盤中，其不動也如山，其決機也如水，此所謂守氣也。」

此所謂守氣，就是把生死成敗，置之度外。把生死成敗置之度外，就是把生死成敗，加以簡單化，而看「一切差別景象，不離當下，囫地一聲，全體放得下，全體提得起，掃盡意識情塵，直至不迷之地」。到此地步，自然是簡單明瞭。漢高祖之入關中，約法三章，天下即定，其簡單明瞭之原因，實由其豁達大度而來，實由其量而至，亦即由其寬大而得。惟豁達大度者始能簡單化，惟有量亦即寬大者，始能簡單化。只是反過來說，「簡以知阻」，把一切的阻擋，加以了解，加以消解，加以破除克服，加以刮垢磨光，使其在繁複裡，在雜多裡，在對反裡，全歸於簡單化，這便是「山窮水盡疑無路，柳暗花明又一村」。這其間自又是一個境界，自又是一個天地，自又是一個寬大。因之所有的寬大的心胸，所有的寬大的手法，以及所有的寬大的處所，又都是由於一種簡單化而有，並都是由於一種簡單化的結果而顯現以出。漢高祖在其為亭長時所冠之「劉氏冠」，到貴為天子時，仍喜冠其所謂「劉氏冠」。要知唯有此始終喜冠「劉氏冠」的簡單化的劉邦，始能有此「豁達大度」而以「量」取天下的漢高祖。

4. 力行與簡單化

為什麼力行又會是簡單化的原因，和簡單化的結果呢？於此，有一個大前提，就是力行必須是寬大中的力行，必須以寬大為體，必須是通行之用。《說苑》紀載著大禹的事，說道：

「禹稱民無食，則我不能使也，功成而不利於人，則我不能勸也，故疏河以導之，鑿江通於九派，灑五湖而定東海，民亦勞矣，然而不怨苦者，利歸於民也。」

這「利歸於民」，對「寬大」說，這是道誼。對力行說，這是功利。對道誼說，這是藝術，對功利說，這是勞動。對藝術說，這是寧靜。對勞動說，這是技術。但於此，卻分明是由技術到寧靜，由勞動到藝術，由功利到道誼，更由道誼到一個簡單化的境地。所謂讓每個人都真正為他自己而努力，竟都一齊為了天下。這豈非「力行」正成了一個在政治上簡單化之原因麼？大禹「竭力以勞萬民」，而其治則是行所無事，此乃大禹之能以寬大仁厚去「竭力以勞萬民」，而獲其「行所無事」的簡單化之治。只不過，反過來說：力行自然也正是一種政治上之簡單化的結果。《說苑》載：

「堯存心於天下，加志於窮民，痛萬姓之罹罪，憂眾生之不遂也，有一民飢，則曰：此我飢之也，有一民寒，則曰：此我寒之也，一民有罪，則曰：此我陷之也，仁昭而義立，德博而化廣，故不賞而民勸，不罰而民治，先恕而後教，是堯道也。」

只因「堯存心於天下」，所以天下就「不賞而民勸，不罰而民治」，所以天下便都力行著，便都自治了。大家力行，大家自治，堯做什麼呢？堯只是「篤恭」，但這一「篤恭」，卻使天下平了。此「篤恭而天下平」，豈非在政治上會簡單化之至麼？有政治上的簡單化，就自然而然的會有天下人的力行。這便是力行又成了簡單化的結果。

一般說來，要寬大總須識大體，要力行總須大處著眼、小處下手。惟識大體，始能「大事不糊塗」，惟大事不糊塗，始能「行之以順道」，惟行之以順道，始能「心以蓄天下」。而力行便是於此大體上著眼，即所謂大處著眼。從而更於細密處表現其科學精神和企業精神，即所謂小處下手。於此，便會在寬大中有一片仁心，於此，便會在力行中有一番眞意。

《宋史》：宋太宗欲相呂端，或曰：「呂端爲人糊塗。」太宗曰：「端小事糊塗，大事不糊塗。」決意用之。端居位持重，識大體，以清簡爲務。

又載：程顥被旨赴中臺議事，王安石方怒言者，厲色待之，顥徐曰；「天下事非一家私議，願平氣以聽之。」安石爲之愧屈，顥上疏曰：「臣聞天下之理，本諸易簡，而行之以順道，則事無不成，捨而之於險阻，則不足以言智矣，況於排斥忠良，沮廢公議，一二小臣，實與大計，用賤凌貴，以邪防正者乎？」

呂端大事不糊塗，所以能以清簡爲務。王安石議事竟怒言者，所以不能行以順道。

而不能行以順道，便不能「心以蓄天下」。莊子於此有幾句話，說得好，他說：

「其動也天，其靜也地，一心定而王天下，其鬼不崇，其魂不疲，一心定而萬物服，言以虛靜推於天地，通於萬物，此之謂天樂，天樂者，聖人之心以畜天下也。」

這以虛靜推於天地，通於萬物，其實就是以簡單化推於天地，通於萬物。惟簡單化始能寬大，惟寬大始能虛靜。虛靜不是一種光景，而是一種工夫。虛靜乃所以推行，即所以通行，而通行則是以寬大爲體，以力行爲用。老莊的虛靜，所以陷於光景，乃「上遺其一體之仁與下失其事功之用」的原故。其所謂天樂，遂終未能以達天德。故至聖人之心，猶有一問，而惟聖人之心，始能以蓄天下。那是一切出以慈心，應以悲懷，而行以好意。

5.兩個層次

在中國農業政治的治術裡，「寬大」是屬於一個層次，力行是屬於另一個層次。這兩個層次如有所衝突，那便是政治上絕大的危險。這兩個層次如有所隔閡，那便是政治上絕大的阻碍。但於此，「易以知險，簡以知阻」，當寬大成了易知易行，而爲政治上的簡單化的第一義時，力行便立即成爲寬大中應有的事，而不求宣揚，則又立即成爲力行中應有的事，所有層次上的衝突，不復存在，所有層次上的隔閡，也不再會有。此之謂澈上澈下。所謂「痲木不仁」，惟痲木，始會不仁，但是既已爲澈上澈下。這自然更不會痲木。惟有寬大，始不會不仁，惟有寬大，始不會痲木，在中國農業政治上簡單化的治術中，其所謂簡單化的第一含義，就是寬大。

四、實在

1.實在的含義

其次，便是在中國農業政治上之簡單化的治術中，其所謂簡單化的第二含義，即實在，應更申論之。

政治是一種實實在在的事業，但這所謂實實在在的事業，乃是由於政治是一種生命的事業，而這所謂的「生命的」事業，則又由於那是一種性情的事業。於此，實在的意義，又會是什麼呢？

《論語》載：哀公問於有若曰：「年饑用不足，如之何？」有若對曰：「盍徹乎」？曰：「二，吾猶不足，如之何其徹也？」對曰：「百姓足，君孰與不足？百姓不足，君孰與足？」

又載：子貢問政，子曰：「足食足兵，民信之矣。」子貢曰：「必不得已而去，於斯三者何先？」曰：「去兵。」子貢曰：「必不得已而去，於斯二者何先？」曰：「去食，自古皆有死，民無信不立。」

又載：季康子患盜，問於孔子，孔子對曰：「苟子之不欲，雖賞之不竊。」

在政治方面的所謂「實在」，通常是所謂「用足」。在政治方面的所謂「用足」，其最好的意義是所謂「足食足兵」。在政治方面的所謂足兵足食，一般說來，最為迫切的事是所謂治盜，所謂治安，所謂秩序。但於此，卻分明在中國農業政治上的簡單化的治術中，會有更重於足用的事，會有更重於足食足兵的事，會有更重於治盜，更重於治安，更重於秩序的事。而這事還是更為實在的事。這事是什麼呢？這就是所謂百姓足，這事就是所謂民信之，這事就是所謂「己欲而人亦欲」。政治上必須進而更把握著這些更為實在的事，才是更為眞實、更為實在的政治。從這一點意義上說，中國的農業政治，較之一般的所謂政治，實在是更為眞實，更為實在的政治。而政治於此，也分明有其兩大分野，絕對不能混同。這一方面是：百姓足，君孰與不足。而在另一方面，則是：民貧則國富，國富則民貧。這一方面是：「自古皆有死，民無信不立」。而在另一方面則是：大炮重於牛油，而秘密警察則重於國家的大炮。這一方面是：「己欲而人亦欲」，因之「己所不欲，勿施於人」。而在另一方面則是：權力是不可分的，企業是集中的，而思想也是獨佔的，因之個性是不必要的，個體也是不必要的，從而人性的尊嚴和人類的價值，也是不必要的，以致國家民族的存在和歷史文化的延續，也是不必要的。

人類的政治，演變到了今日，竟分明會有如此兩大分野，這正是人類歷史的悲劇，也會是人類歷史的喜劇。這是善與惡的分野，這是是與非的分野，這是功與罪的分野，這是上帝與撒旦的分野，這是神性與獸性的分野，這是眞理與暴力的分野，這是純肯定與純否定的分野，這也就是正與反的分野。這用我們以前的話來說：還僅僅是儒家與法家的分野，還僅僅是王道與霸道的分野，但在目前用現代流行的話來說，則分明是自由與奴役的分野，分明是民主與極權的分野，又分明是反暴力與暴力，反侵略與侵略的分野，亦即和平與戰爭的分野。總之，這是在政治方面所謂實在的分野。這一方面的實在，是讓這「實在」在政治上歸於生命的本身，歸於性情的實質。而另一方面的實在，則是讓這實在在政治上，從生命的本身中踢開去，從性情的實質裡踢開去。只因爲百姓不足，而又要足用，於是在財政上，便成了量出爲入，而在經濟上便採取了極力控制著人民的生活的措施。只因爲「民無信不立」，而又要鞏固其統治權，於是在內政上，便僱用了大批的秘密警察，在外交上便採取了擴張、威脅及侵略的措施。只因爲己之所欲，而又患盜，於是把教育變成了訓練，把文化變成了宣傳，把交通變成了羅網，把軍隊變成了爪牙，把產業變成了軍需。這是目前奴役人民，崇尙暴力，好戰侵略的極權政治之由來。

於此，只有己之所欲，是眞實的，是實在的。一切的主義，口號，標語和外交辭令都是假托的，都是戰略的。但是「己之所欲」，畢竟是「人亦欲之」，而且「自古皆有死，民無信不立」，同時，百姓不足，畢竟是一切都成問題。其表面上的未成問題，究竟只是暫時的，所有反其道而行的政治，都畢竟只能造成一個變局，而變局總會是「狂風不終朝，驟雨不終日」的。那實在是一大顚倒，那實在是一大瘋狂，那實在是一大浪漫，那實在是一大噩夢。要知頭足倒置，只要稍久了一點，便要昏迷，便要窒息，否則便要轉過來。這一轉過來，就會知道什麼是常道，什磨是常局，什麼是眞實，什麼是實在的眞實的意義？這實在的眞實意義，其實只是一個極其簡單的意義，這就是：要足用，就得要百姓足。要百姓足，足食而且足兵，就得要「民信之矣」。要民信之矣，就得要「推己之所欲」。只要這一推，便是「天地變化草木繁」。這一推亦就是所謂恕道，那只是「己所不欲，勿施於人」，那只是「能近取譬，可謂仁之方也矣」。這一推，亦就是所謂絜矩之道，那只是：「上老老，而民興孝，上長長，而民興弟，上恤孤，而民不倍，是以君子有絜矩之道也」。

這絜矩之道，會是簡單之至，那只是：

「所惡於上，毋以使下，所惡於下，毋以事上，所惡於前，毋以先後，所惡於後，毋以從前，所惡於右，毋以交於左，所惡於左，毋以交於右，此之謂絜矩之道」。

所謂絜矩之道，其實不外好惡二端：「民之所好好之，民之所惡惡之」，這就是「民之父母」，這就是政治的極則。而所謂好惡，則是本於性情。只要是好惡本於性情，那在個人便是無有作好作惡，而有其「直道而行」，而有其生命的客觀化。龍溪云：「格物致知平天下之要，本諸好惡，好惡之眞，本諸良知。」只要本諸良知，就可本諸性情，如此便是「喜怒哀樂之未發謂之中，發而皆中節謂之和」。政治上的賞罰，只是所以飾喜怒之應跡，而本原則在於未發之中，有未發之中，方有中節之和，要眞正談政治，要眞正談國家民族，要眞正談天下後世，只有這些地方是一個大本，是一個達道。

《詩》云：「節彼南山，維石巖巖，赫赫師尹，民具爾瞻。」《大學》於此加以引申道：「有國者，不可以不愼，辟，則爲天下僇矣」。會有什麼較之「天下之大本」，須更審愼將事的呢？會有什麼較之「天下之達道」，須更戰戰競競的呢？大本一失，達道一去，這在政治上，便一切會完了，這對天下國家，也會一切都完了。

說現時代在世界各個角落裡的政治，完全不知道以上所述各事，那也是不盡然的，因爲若是完全不知，那便不會高唱著所謂要走「群眾路線」，要得到民眾同意了。只是在極權政治中的所謂民眾路線，卻分明是劫持著民眾，而在少數民主政治中的所謂民眾同意，也分明是在狐媚著民眾。於此，我們的農業政治的治術，卻旨在「以道得眾」，要知從眞正的政治立場和國家民族的立場上說，「道得眾則得國，失眾則失國」，所有的劫持民眾和狐媚民眾，那都只能劫持著天下於一時，狐媚以取天下於片刻，會總是十分不可靠的。

所謂「道得眾則得國」的道是什麼道呢？那只是絜矩之道，那只是仁恕之道，那只是「苟子之不欲，雖賞之不竊」之道，那只是「自古皆有死，民無信不立」之道，那只是「百姓足，君孰與不足，百姓不足，君孰與足」之道，那其實只是一種「好惡本於性情」之道，那其實只是一種簡單化之道，亦即所謂實在之道。所謂實在，就只在這裡，才有其眞實的意義。由此眞實的實在的意義而來者，會就是在政治上的實事求是，在政治上的只求實效。這只求實效之政治的應用是「居之無倦，行之以忠」。這只求實效之政治的應用是「先之勞之」。這只求實效之政治的應用是「先有司，赦小過，舉賢才」。這只求實效之政治的應用是「庶矣，富之，富矣，教之」。這只求實效之政治的應用是「近者悅，遠者來」。這只求實效之政治的應用是「以不教民戰，是謂棄之」。這只求實效之政治的應用是「片言可以折獄」，但更重要的是「聽訟，吾猶人也，必也使無訟乎」。這意義的引申則是：所謂政治上的只求實效，頂好是一似無效可求，無效可得，無效可見，一切減之又減，少之又少，節之又節，約之又約，政治會使人忘其為政治，此之謂只求節約。但在這裡，一切自然須得以禮節之。而所謂禮，則又是「與其奢也，寧儉」。子曰：「奢則不遜。」船山於此引論云：「惡其不遜，非惡其不嗇也。」《傳》曰：「儉，德之共也。」船山又於此引論云：「儉以恭己，非儉以守財也，不節不宣，侈多藏以取利，不儉莫大於是。而又窮日殫夕，汲汲於簿書期會，以毛舉纖微之功過，使人重足以立，而自詫曰勤，是其為術也，始於晏嬰，成於墨翟，淫於申韓，大亂於暴秦，儒之駁者師焉」。要知所謂「節約」，只是「不過」。這「不過」就是平易近民，就是「易則易知，簡則易行」，就是「簡單化」，就是「得乎中庸」。於此，船山又云：

「夫儉，勤與敬，治道之美者也，恃二者以恣行其志，而無以持其一往之意氣，則胥為天下賊。儉之過也，則吝，吝則動於利，以不知厭足而必貪。勤之亟也必煩，煩則責於人，以速如己志而必暴。儉勤者，美行也，貪暴者，大惡也，而弊之流也，相乘以生。夫申韓亦豈以貪暴為法哉？用其一往之意氣，以極乎勤與儉之數而不知節耳。若夫敬者，持於主心之謂也……以己之所能為，而責人為之，且以己之所不欲為，強忍為之而以責人。於是，抑將以己之所固不能為，而徒責人以必為，如是者，其心恣肆，而持一敬之名，以鞭笞天下之不敬，則疾入於申韓，而為天下賊也，甚矣」。

2. 政治上的節約

在政治上的所謂只求節約，會儘有其一般的意義，也會儘有其超越的意義。那是物質上的節約，那也是精神上的節約。財物固須節約，而所謂美德美名美行，亦無一不須節約。在這樣的節約裡，儘有其貞固不移的情操，所以便自然是「貞固足以幹事」。在此貞固足以幹事中，又自然會是「必有事焉」。於此「無欲速，無見小利，欲速則不達，見小利則大事不成」。這是中國農業政治的治術之又一實在的意義。要知天下事都是由於急壞了。只一急，閒時固然不得閒，而忙時更只是亂。亂則只是擾擾。不得閒，卻又未免悠悠。龍溪云：

「但為性命心還欠切，未免尚被閒忙二境所轉，閒時未免悠悠，忙時未免擾擾，如此挨徘過去，稅駕在何日？古云必有事，是閒忙動靜，只有此一事，只在一念上討生死，閒時能不閒，忙時能不忙，雖獨處一室，而此念常烱然，雖日應萬變，而此念常寂然，方是不為二境所轉，如此起因，方有證果時候，方是眞為性命大豪傑也。」

為性命之心，若果眞切，那便會「不疾而速」。目前的世界，那眞是大家都急急忙忙，但大家其實是無所事事。說他無事，他卻忙得很，說他忙，他卻全然無事。這裡有一個現象，是極普遍的，就是大家感覺到時間短促，人生短促，大家又感覺到度日如年，人生無法消遣，以至時間難過，人生難過。大家想想：既是短促，為什麼還會難過呢？現在的時代是一個速力時代，橫渡大西洋或太平洋，都只是以小時計。但就在這「小時」中，有誰會不感覺著還需要消遣消遣，而具備著一種「怎麼還沒有到？怎麼還沒有到達」的心情呢？這較之古代的步行人在幾個月甚至幾個年頭的旅程中，卻不知不覺的到達著他們的目的地，而並未感到時間是多麼久，路是多麼長，會是怎樣的一種心情呢？很明顯的現時代是一個速力時代，但一揭穿，針對著「不疾而速」，那又會是一個速而不疾的時代。越是速度大，越是不夠快。這反映到人生上，便越需要消遣，越需要刺激。這反映到政治上，便越需要督促，越需要動員。於是悠悠擾擾，擾擾悠悠，閒也活不了，過不去；忙也活不了，過不去；閒也閒得沒有頭緒，不得開交；忙也忙得沒有頭緒，不得開交。大家把日子挨徘過去。挨徘不過去時，又胡混過去，胡混不過去時，又麻木過去，麻木不過去時，則不是自暴自棄，自我毀滅，便是亂將起來，打將過去。現代政治的心理基礎，加以剖析，竟是這樣的奇特。如此起因，又如何能有證果？大家在政治上是把生命當作兒戲，大家在政治上是輪轉於閒忙二境。大家只求著急速，但卻是「速而不疾」，「急而不行」。當其獨處一室時，此念紛然。當其日應萬變時，此念紛然。於是越忙越繁，愈閒愈襍，愈靜愈躁，愈動愈塞。個人的生命，固在急速中以了，政治的生命，也是在這急速中以了。

3. 政治上速率

「求急速」與「見小利」常是相因而至，相輔而成。這時代的特徵是速率，但速率的基礎，在精確的計算，而精確的計算，則是愈小愈算，愈算愈小。這在中國政治上的治術裡，也是引以爲戒的。史載：

「劉晏於揚子置場造船，艘給千緡，或言所用，實不及半，請損之。晏曰：『不然，論大計者，不可惜小費，凡事必爲永久之慮，今始置船場，執事者甚多，當先使之私用無窘，則官物堅完矣，若遽與之屑屑較計，安能久行乎？異日必有減之者，減半以下，猶可也，過此則不能運矣。』後五十年，有司果減其半，及咸通中，有司計費而給之，無復羨餘，船益脆薄易壞，漕運遂廢。」

劉晏是「後來言財利者皆莫能及」的人，正因其善言財利，故反而不見小利。漕運在當時是國家政治上一件極大的事體，但竟爲一般見小利者，而使「漕運遂廢」，此之謂「見小利則大事不成」，而其病源，只在顧眼前，求速效。又史載：

「裴度在中書，左右忽白失印，聞者失色，度飲酒自如，頃之，左右白日復於故處得印，度不應。或問其故，度曰：此必吏人盜之，以印書卷耳，急之，則投諸水火，緩之，則復還故處。」

目前在政治上，一切事眞會是「急則投諸水火」，愈急愈糟，愈糟愈急，必至大壞而後已。此不求急速，在中國農業政治的治術上，所以又成一「實在」的意義之原故。所謂「時止則止，時行則行，動靜不失其時，其道光明」，如此便是「不疾而速，不行而至」，否則，「欲速則不達」。其只求急速，那只是「艮其限，列其夤，厲熏心」，而絕非那「敦艮之吉，以厚終也」。

由不求急速，而只求節約，只求實效，這便是中國農業政治上之治術中的所謂實在。惟有實在，始能儉以養廉。惟有實在，始能出以廉明。亦惟有實在，始能「應以安閒而行以和緩」。和緩是「泰然處之」，和緩是「剛毅木訥」，和緩是文思安安，和緩是從容中道。這政治上的和緩，正是政治上的實在。這政治上的實在，正是政治上的立大本。這政治上的立大本，正是政治上的「以約失之者鮮」。這政治上的以約失之者鮮，正是政治上之治術中的簡單化。因之，在中國農業政治之簡單化的治術中，其所謂簡單化的第二個含義，就是實在。那是行以和緩，而以約守的立大本的實在。那是不求急速，而只求節約，只求實效的實在。這實在是簡單化的原因，又是簡單化的結果。龍溪云：

「吾人此生幹當，無巧說，無多術，只從一念入微處討生死，全體精神打併歸一，看他起處，看他落處，精專凝定，不復知有其他，此念綿密，道力勝於業力，習氣自無從而入，雜念自無從而生，此是端本澄源第一義，所謂宗要也。」

這無巧說，無多術，就是實在，由此而至無習氣，無雜念，以至端本澄源，獲其宗要，那就是簡單化。因之，這實在會是簡單化的原因。《易．繫辭》載：

「易則易知，簡則易從，易知則有親，易從則有功，有親則可久，有功則可大，可久則賢人之德，可大則賢人之業。」

這可久可大之賢人德業，是最爲實在的，但這卻由易簡而得，亦即由簡單化而至，因之，這實在又分明會在政治上是一種治術的簡單化的結果。在中國農業政治之簡單化的治術中，其所謂簡單化之含義，第一，那是寬大，第二，那是實在。

五、一致

1. 一致的主義

茲再進而申論在中國農業政治之治術中的第三含義，即簡單化中的一致。這一致的意義是什麼呢？在中國農業政治之簡單化治術中，這一致的意義爲：

第一是：觀念和生命的一致；

第二是：時代和性格的一致；

第三是：多與少，大與小，高與下，文與素的一致。

「堯舜率天下以仁，而民從之，桀紂率天下以暴，而民從之，其所令反其所好，而民不從。」這便是個人的觀念和個人的生命在政治上的一致及其不一致的後果。由觀念和生命在政治上的一致性而來的是：「有諸己而後求諸人，無諸己，而後非諸人。」

一切是由己及人，由內到外，一切是生命的感召，一切是生命的顯發。即此，便說明了政治是一大眞實，便說明了政治是不可以僞爲的。因之，政治雖可以走上反面的道路，所謂「一人貪戾，一國作亂」，但政治究竟是一種正面的事業，所謂「一家仁，一國興仁」。由此而至者，會就是「心誠求之，雖不中，不遠矣」。其在中國農業政治的治術上，即所謂「政者正也，子帥以正，孰敢不正？」其在中國農業政治的治術上，即所謂「苟正其身矣，於從政乎何有?不能正其身，如正人何？」

時代和性格的一致，那只是所謂「剛應而志行，順以動，豫」。那是所謂「雷出地奮，豫」。於此，「豫順以動，故天地如之，而況建侯，行師乎?天地以順動，故日月不過而四時不忒，聖人以順動，則刑罰輕而民服」。於此，「先王以作樂崇德，殷荐之上帝，以配祖考」。在一個「易」的宇宙裡，在一個象徵的世界裡，雷霆儘可說明著時代，土地儘可象徵著性格。既把政治當成是性情的事，那自然應該是雷出地奮。在雷出地奮中，有動盪的時代，自也少不了土的氣息。這讓時代滲透著土的氣息，便是「剛應而志行」，便是「順以動」。凡以順動，會都是豫則立。這從宇宙運行說，便是「日月不過而四時不忒」，這從聖人之治說，便是「刑罰輕而民服」，這從簡單化治術上之一致的含義說，便是「時代和性格」的一致。這在天地都是如此，又何況是人間的

「建侯行師」，又何況是政治上的內政軍政呢？只是時代和性格的一致，而獲其豫，會有人事，也會有天命。用捨行藏，出處進退，成敗興亡，否泰剝復，固皆決之於此。盡其在我，那是人事，聽其在天，那是天命。聖人到這裡，也只能是「可以速而速，可以久而久，可以處而處，可以仕而仕」。於此，心中乾乾淨淨，便是「以此洗心，退藏於密」。於此，性分朗朗爽爽，便是「成性存存，道義之門」。

在中國農業政治之治術上，其簡單化的一致諸義中，那第一義的觀念與生命的一致，乃「求則得之，捨則失之，是求有益於得也」的。而此第二義的時代與性格的一致，則為「求之有道，得之有命，是求無益於得也」的，因之在觀念與生命的一致上，你儘可以在政治方面叫出「當今天下，捨我其誰？」但在時代與性格的一致上，你卻不免要時常轉而說著：「然而無有乎爾，則亦無有乎爾」。一切的政治，都很難盡如人意，這裡實在是一個最大的根源。雷出地奮，會使人的性格，永居於一個時代的動盪之下。於此，先王所能為的，也不過是作樂崇德，以陶冶此性情，以安頓此生命。於此，先王所能為的，也不過是殷荐之上帝以配祖考，以上獲其性情的超越，而緊接其生命的根蒂。

多與少，大與小，高與下，文與素的一致，那會是美學上的一致，那也會是這裡的治術上之「一致」諸義中之一。這文與素的一致是「文猶質也，質猶文也，虎豹之鞟，猶犬羊之鞟」。這高與下的一致是「極高明而道中庸」，超越的原則而又是涵蓋的原則。這大與小的一致是「致廣大而盡精微」，一般性的原則而又是個體性的原則。這多與少的一致是「即一爲萬，即萬爲一」，又是「有而不滯，無而不空」（龍溪語）。雖然如此，但在中國農業政治上的治術中，其所謂簡單化之一致的含義，就文與素一致說，那又會是「素以爲絢」和「繪事後素」。就高與下的一致說，那又會是「擇乎中庸」和「中庸其至矣乎」？就大與小的一致說，那又會是「道不遠人」和「造端乎夫婦」。就多與少的一致說，那又會是「歷天下之至繁而居天下之至簡」和「君子多乎哉？不多也」。就因爲如此，在中國農業政治上，禮便最符合著這「多與少，大與小，高與下，文與素的一致」之要求。《禮器》中有語云：「禮有以多爲貴者」，「有以少爲貴者」，「有以大爲貴者」，「有以小爲貴者」，「有以高爲貴者」，「有以下爲貴者」，又《禮》「有以文爲貴者」，「有以素爲貴者」。孔子曰：「禮不可不省也，禮不同，不豐不殺，此之謂也，蓋言稱也。」唯其能稱，所以一致。因之，禮在這裡，會儘有其政治上的意義，也會儘有其美學上的意義．因爲這禮成就著「多與少，大與小，高與下，文與素的一致」，既是一種簡單化的治術上之妙用，也是一種美學上的美的形式原理之極則。平王東遷，辛有適伊川，見被髮而祭於野者，曰：「不及百年，此其戎乎？其禮先亡矣。」禮沒有了，這「多與少，高與下，大與小，文與素」就無由一致，既無由一致，那便要歸於矛盾，歸於衝突，歸於鬥爭。如於此未能有其再一度的諧和及新的秩序的建立，便必轉而歸於原始的混沌，而人道絕滅，斯文喪盡，此即所謂野蠻，此即所謂「戎」。

2. 一貫

由觀念和生命的一致，由時代和性格的一致，由多與少，高與下，大與小，文與素的一致而來的，便是一貫。孔子曰：「吾道一以貫之。」曾子於此解釋道：「夫子之道，忠恕而已矣。」在一切變化裡的統一或多裡的一之中，惟有「恕」始能大量容許著變化，容許著多。惟有「忠」始能從中默運著變化，默運著多。於此一容一運，一縱一擒，一闢一翕，便成就了一切變化的美，成就了所有多的美，也完成了一切統一的貴，完成了所有「一」的貴。又在一切正面與反面及「合」之中，惟有「恕」始能隨波逐浪，潛移著反面，惟有忠，始能截斷眾流，否定著反面。由此而來之「否定的否定」，由此而來的「合」，會更肯定著正面的價值，也會適如其量地賦予反面以「他山之石，可以攻玉」的意義。因之，這道德上的忠恕兩個原則，會達成那美學上的統一的原則，也會達成那政治上的一貫的原則。這一貫是一個人事的原則，這一貫更是一個性情的原則。由此一貫而得之道，就是所謂「君子之道」、「聖人之道」，亦即孔子之道。《中庸》載：

「君子之道費而隱，夫婦之愚，可以與知焉；及其至也，雖聖人亦有所不知焉。夫婦之不肖，可以能行焉，及其至也，雖聖人亦有所不能焉。天地之大也，人猶有所憾，故君子語大，天下莫能載焉，語小，天下莫能破焉，詩云：鳶飛戾天，魚躍於淵，言其上下察也。君子之道，造端乎夫婦，及其至也，察乎天地。」

這只是說：性情的原則，是徹上徹下，徹內徹外的。從量上說，夫婦之性，夫婦之情和天地之性，天地之情，會是懸殊；但從理上說：夫婦之性，夫婦之情，與天地之性，天地之情，是合一的。從理的合一上說，夫婦之愚，夫婦之不肖，自然能知能行。從量的懸殊上說，聖人自然是有所不知，有所不能。但畢竟因爲性情的原則，是徹上徹下，徹內徹外的，所以由「造端乎夫婦」，便到「察乎天地」，所以便「費而隱」，所以便「一以貫之」。由君子之道自然而至的，是聖人之道。《中庸》又載：

「大哉聖人之道，洋洋乎，發育萬物，峻極於天，優優大哉，禮儀三百，威儀三千，待其人而後行。」故曰：「苟不至德，至道不凝焉。」

所謂政治上的簡單化，就其更高更大的意義上說，那自然不應該是「艮其背，不獲其身，行其庭，不見其人」的一種「無咎」狀態，而應該是「雷雨之動滿盈」的一種興發狀態。因之，一個性情的原則，由聖人加以應用，便會是「極深而研幾」，由性情原則之深與幾，便到達著一個簡單化的原則之「神」。於此便是：

「唯深也，故能通天下之志，唯幾也，故能成天下之務，唯神也，故不疾而速，不行而至。」

由此而開物，便是「發育萬物，峻極於天」。由此而「成務」，便是「禮儀三百，威儀三千」。這是由統一而來的又一度的變化。這是由一而來的又一度的「多」。但這又一度的變化，已是統一的變化。這又一度的多，已是「一」的「多」。這已是即統一即變化，即一即多了。沒有簡單化，不會有興發，不會有統一的變化，不會有一的多。但沒有大量的興發和統一的變化或一的多，也不會有極度的簡單化。此之謂「苟不至德，至道不凝」。只是「道不遠人，人之爲道而遠人，不可以爲道」，所以一切又都是要「待其人而後行」。孔子於此，說其道「一以貫之」。這一貫就是一個極度的簡單化。這是一個由「君子之道」到達著「聖人之道」的道。這在中國農業政治之治術上的應用，亦不過作成了其簡單化的治術之一義。這是由一致而來的「一貫」。

3.經久

由「一貫」而來的是「經久」。在簡單化的「一致」的含義上，既求一貫，自求經久。惟一貫始能經久，亦惟經久，始能一貫。什麼是久呢？久就是「不息」，蓋惟「不息」，則久。久不是一個時間的段落，而只是時間的延展，並在時間的延展中，有其在空間上的表徵。用現在新物理學的話來說，便是成為空間的一個「因次」（Dimension），所以說「久則徵」。從而「徵則悠遠」，這是長的因次。「悠遠則博厚」，這是廣的因次。「博厚則高明」，這是高的因次。這便成了四個因次的空間。在四因次的空間裡，所謂「不見而章，不動而變，無為而成」，那是一種抽象的名詞，那也是一種具體的事實。於此如果息下來，那便是空間的解體，那便是事物的虛無。但如何始為不息，始能無息呢？於此第一個答案是「自強不息」，第二個答案是「至誠無息」，惟自強始為不息，惟至誠始能無息。《中庸》載：

「故至誠無息，不息則久，久則徵，徵則悠遠，悠遠則博厚，博厚則高明。博厚，所以載物也，高明，所以覆物也，悠久，所以成物也。博厚配地，高明配天，悠久無疆。如此者，不見而章，不動而變，無爲而成。天地之道，可一言而盡也，其爲物不貳，則其生物不測。天地之道，博也，厚也，高也，明也，悠也，久也。今夫天，斯昭昭之多，及其無窮也，日月星辰繫焉，萬物覆焉。今夫地，一撮土之多，及其廣厚，載華嶽而不重，振河海而不洩，萬物載焉。今夫山，一卷石之多，及其廣大，草木生之，禽獸居之，寶藏興焉。今夫水，一勺之多，及其不測，黿鼉蛟龍魚鱉生焉，貨財殖焉。」

所謂誠，會就是生命的第一念，但這第一念卻成就了性情，這性情卻成就了事物。所謂誠，也會是生命的最後的一念，但這最後的一念，更成就了天地，這天地更成就了萬物。此之謂「誠者，物之終始」。而且，就物的成就而言，更會是從最後的一念上朔至最初的一念。在過程上，儘管轉折，但起處落處的聯結，終歸於直下，而不應有所轉折。誠就是緊緊聯結著這起處落處。不誠便只是轉折；只是轉折，便是無物。水之由一勺至不測，是誠的由起處至落處的聯結。山之由一石至廣大，也是誠的由起處至落處的聯結，以至地之由一撮土至廣厚，天之由昭昭至無窮，更都不過是誠的由起處至落處，以至無窮的聯結。於此一切過程中，會都是由時間的一因次（Dimension）到長的一因次，復由長的一因次，到廣的一因次，更由廣的一因次，到達高的一因次。即由久徵到悠遠，到博厚，再到高明。只是由高明更至無窮，又復終於「悠也，久也」，此之謂「悠久所以成物」。一切是時間的積累，一切是時的事業。政治於此，也自然是「時的事業」。既是時的事業，便必須自強，必須至誠，必須不息，必須經久。

4. 不求劃一

由可久而來的，必然是可大。「大」是什麼呢？於此，莊子說：「不同同之之謂大，行不崖異之謂寬。」到這裡，便又轉入了簡單化的第一含義即寬大之中。因之，「不求劃一」之義，便串通了一致與寬大，串通了統一與變化，串通了一與多，串通了常與變。這串通是一個和合，不是一個齊同。故不求劃一，就是「和而不同」。如此一來，那便會：

「辟如天地之無不持載，無不覆幬，辟如四時之錯行，如日月之代明」。

一切是「沖漠無朕」．一切是「萬象森然」。「一以貫之」既是聖人；但「惟善變通，方爲聖人」（程明道語）。觀乎天地，可知聖人，而觀乎聖人亦可知天地。「萬物並育而不相害」，這是天地的不求劃一。「道並行而不相悖」，這是聖人的不求劃一。「天下同歸而殊途，一致而百慮」，這是天地的不求劃一。「小德川流，大德敦化」，這是聖人的不求劃一。於此，天地之所以爲大，亦正是聖人之所以爲大。聖人之所以爲大，亦正是天地之所以爲大。因之，聖人在天地之中見出，天地亦在聖人之中見出。說「小德川流，大德敦化」，和「道並行而不相悖」，是天地的不求劃一，則「同歸殊途，一致百慮」和「萬物並育而不相害」又成了聖人的不求劃一。在中國農業政治的治道中，政治是天道，是地道，是聖道。在中國農業政治的治學中，政治是義理，是心性，是聖學。因之，在中國農業政治的治術中，政治又會是天造，是地設，是仁術。既是仁術，那便應是天地的不求劃一；既是仁術，那便應是聖人的不求劃一。惟不求劃一，才能成就多數。惟不求劃一，才能成就變化。惟能成就多數，才能尊重少數。惟能成就變化，才能統之爲一。如此方是「多之爲美，少之爲貴」。如此方是「差之以量，合之以理」。由理一分殊，顯現其莊嚴，這便是「維天之命，於穆不已」。由「視民如傷」，顯現其和藹，這便是「於乎丕顯，文王之德之純」。在中國農業政治裡，不論從治道上說，從治學上說，或從治術上說，政治總有其一種莊嚴相，又儘有其一種和合相。在其莊嚴相中，那是只求一貫，只求經久。那會是一致。在其和合相裡，那是不求齊同，不求劃一，但也會是一致。當謝上蔡舉「天下何思何慮」以說時，伊川就回答道：「有是有此理，賢卻發得太早。」其實天下何思何慮之價值的所在，正是天下所思所慮，因之「同歸」之價值的所在，正在「殊途」，而「一致」之價值的所在，也正是「百慮」。「理一」原是本有此理，但如發得太早，便會忽略了分殊的價值之所在。這裡，應用於政治，更須著眼於「分殊」。

在中國農業政治之簡單化的治術中，其簡單化的第三含義即一致，固須只求一貫，只求經久，但更須不求齊同，「不求劃一」。而其意義亦更於「不求齊同」中見，其價值亦更於「不求劃一」內顯。

5. 純亦不已

由一致而只求一貫，由一貫而只求經久，更由經久而不求劃一，再由此下去，那便是純亦不已。在中國農業政治上，愈是在上的，就應當愈是純的；而愈是純的，也愈就應當在上。什麼是純呢？純就是簡單化到了極點，純就是在變化裡獲其統一到了極度，純就是在多裡有其一到了究竟。純就是「易簡而天下之理得矣」。因之純有純的相：心安理得是純的相。天清地寧是純的相。「半畝方塘一鑑開」是純的相。「雲淡風輕近午天」是純的相。「時然後言，樂然後笑，義然後取」是純的相。「天下大悅而將歸己，視天下悅而歸己，猶草芥也」，也是純的相。「有一民飢，則曰此我飢之也，有一人寒，則曰此我寒之也」，是純的相。「民無食，則我不能使也，功成而不利於人，則我不能勸也」，是純的相。「朕躬有罪，無以萬方，萬方有罪，罪在朕躬」，是純的相。「雖有周親，不如仁人，百姓有過，在予一人」，是純的相。「當紂之時，居北海之濱，以待天下之清」，是純的相。「爾爲爾，我爲我，雖袒裼裸裎於我側，爾焉能浼我哉」，也是純的相。「以天下爲己任」是純的相。「先知稼穡之艱難」，也是純的相。「以布衣提三尺劍，取天下，豈非天命乎?命乃在天，雖扁鵲何益」？這是純的相。「年在天，位在人，修己而天不與者，命也，守道，而人不知者，性也，自有性命，無勞筮龜」（晉顏含語），這是純的相。「鞠躬盡瘁，死而後已」，這是純的相。「揮茲一觴，陶然自樂」，這也是純的相。「豈能久不顧，庶往共飢渴」，這是純的相，「到海觀會同，乾坤誰眼碧」，這也是純的相。「王師北定中原日，家祭無忘告乃翁」，這是純的相。「六經責我開生面，七尺從天乞活埋」（船山語），這也是純的相。「應無所住而生其心」，這是純的相。「觸之不動，必立事功」（王思與謂陽明語），這也是純的相。固不僅「文思安安」，「視民如傷」，所謂「文王之所以謂文也，純亦不已」，方始爲純的相。

「一致」是訂原則，是原則上的一致，而且惟有一致，始能訂原則，惟有原則眞正確定下來，訂立下來，始能眞正有其一致。

「經久」是求其可久可大，是大的經久。惟有久始能大，惟有賢人之德，始能有賢人之業，亦惟有大，始能久，惟有賢人之業，始能見賢人之德。

6. 出以單純

由「純亦不已」而來的，是對一切都出以單純，都出以可能想像的單純。這可能想像的單純是一個直線。這直線是一個點的毫無轉折的推動。這一個點的存在，是一個「一切」所決定的存在，同時，那又是可以決定「一切」的存在。「萬物皆備於我，反身而誠，樂莫大焉」，這是一切所決定的一點之存在。「惟天下至誠，爲能盡其性，能盡其性，則能盡人之性，能盡人之性，則能盡物之性，能盡物之性，則可以贊天地之化育，可以贊天地之化育，則可以與天地參」。這是一點所決定的一切之存在。所謂「推擴得開，則天地變化草木繁，推擴不開，則天地閉，賢人隱」。這一點的推動，這一點的推擴，是一個直線，也是一個無限，即是一個太極。在這裡，在這單純裡，那是人各一宇宙，人各一太極，那是人人有了一個宇宙，人人有了一個太極。這是有了一個無限，也是有了一個永恒。一個宇宙是一個無限的單純，是一個永恒的單純。一個太極，也是一個無限的單純。也是一個永恒的單純。一個人也是一個無限的單純，也是一個永恒的單純。一切是出以單純，一切是出以可能想像的單純，一切也從而出以不可想像的單純。政治於此，不能例外。政治的不一致，政治的不一貫，政治的不經久，政治的求劃一，那是政治的不純，那是政治的不出以單純，不出以可能想像的單純，而竟具備其一種令人幾乎不可想像的夾雜。

「出以單純」，則「有而不滯，無而不空，如玄珠罔象，方是天然消息」（龍溪語）。「出以單純」是「默窺造化貞勝之機，惟在虛以待之而已」（亦龍溪語）。

「出以單純」，是「性體自然之覺，不離倫物感召，而機常生生」（亦龍溪語）。

「出以單純」，是「感以單純」。這感以單純，在美學的領域中，會「天地感而萬物化生」。在政治學的領域中，會「聖人感人心而天下和平」。這「感以單純」會是

「山上有澤。咸，君子以虛受人」。山上有澤，澤中有天。有清風吹來。有宇宙盈虧消息。有浮雲飄過，有日月星辰繫焉。於此有人「咸（感也）其拇（足大指也）」，那便會志在天地之外；「咸其腓（足肚也）」，那便會靜居天地之中；「咸其股」，那便會悠來悠往，不勝其情。再咸下去，那便會「憧憧往來，朋從爾思」。於焉，更「咸其脢」（背肉），那便會背負著天地之重；再「咸其輔頰舌」，那就只有呼號著天地了。於此有人，那當然通體是感應，那當然通體是透明。於此有人，那當然通體是知慧，那當然是通體是性情。「觀其所感，而天地萬物之情可見」。觀其所感，而仁人君子之情亦可洞悉。這感以單純之相，是山上有澤。這感以單純之德，「是君子以虛受入」。山上之澤，是能照萬物之妍蚩，而一水並無妍蚩。君子之虛，是能公天之好惡，而個人卻無好惡。山上之水至淡，君子之道，亦復至淡。龍溪云：

「至道本淡，淡之一字，便是吾人對病之藥，纔冷淡，便見本色，纔鬧熱，便落世情，此中非見解所能湊泊，非氣魄所能支持，自痛自癢，惟自知自力而已。」

於此天地要能冷淡，能感應；個人要能冷淡，能感應；政治當然也要能冷淡，能感應。能冷淡，始能見諸本色；能感應，始能出以單純。單純是本色的單純，本色是單純的本色。政治是君子單純的本色之事，政治也是英雄本色的單純之業。史載：

「以趙抃參知政事，抃入謝，帝曰：聞卿匹馬入蜀，以一琴一鶴自隨，爲政簡易，亦稱是矣。」這是政治上的出以單純。又史載：

「東魏高洋，歡之子也，內明決而外如不慧，兄弟及眾人皆嗤鄙之，獨歡異之，謂長史薛琡曰：此兒識慮過吾。幼時，歡嘗欲觀諸子意識，使各治亂絲，洋獨抽刀斬之，曰：亂者必斬。」

這也是政治上的出以單純。

7. 應以原則

只因出以單純，便能應以原則。原則的因應，第一，那是原於理，那是理則。

龍溪云：

「理一而已。性則理之凝聚，心則凝聚之主宰，意則主宰之發動，知則其明覺之體，而物則感應之用也。天下無性外之理，豈復有性外之物乎？」

因之，原則的因應，那又是原於人，那是「同人」。那是「天與火，同人，君子以類族辨物」，「天在上，而火炎上」。無限的是天，不息的是火，在那裡覆蓋著一切，在那裡照耀著一切。一切被覆蓋著，那是「中正而應」。一切被照耀著，那是，「文明以健」。在那裡，既同於天，就必同於人，既同於人，亦必同於天。在那裡，「柔得位得中，而應乎乾」，那就是下同於人。在那裡，「唯君子爲能通天下之志」，那就是上同於天。由此而「類族」，以「審異而致同」，這便是人道上所由獲得的原則。由此而辨物，以審異而致同，這便是物理上所由獲得的原則。政治上的「應以原則」，就是應以這兩種原則，因之政治是人道的，又是物理的事情，是性情的，又是科學的東西。政治會「同人於門」，在那裡，一切洞開著，那是條條大路通羅馬。政治會「同人於宗」，在那裡，會有一個親疏，那是內中國而外夷狄。自然在這裡，會有其躍進，那便是「同人於郊」。在那裡，「惟鳥獸不可與同群，吾非斯人之徒與而誰與？」和這相應的，會是「同人於野」。在那裡，曠野裡有人聲嚷著：「修直主的路。」

因之說到原則的因應，那又是「原於心」，那是「无妄」，那是「天下雷行，物與无妄，先王以茂對時，育萬物」。天心默默，雷聲隆隆。愈是隆隆，愈是默默。愈是默默，愈是隆隆。儘金革百萬之眾，會心中只是無事。而心中只是無事，更一切攬攬熙熙。那只是玄默，那只是響應。那只是「動而健」，那只是「剛中而應」。「健」是無上的操持，「應」是無比的堅實。如此「大亨以正」，如此絕大的亨通，全來以正，這便是「天之命也」。這天之命也，正是心之所之，正是無妄之往。於此，先王以茂對時，育萬物，正是以眞實對著眞實，以天下治著天下。那是替天行道，因時行事。那是爲民遂欲，任物遂生。這裡的原則是眞實。這裡的原則是無妄。這裡的原則是默默，這裡的原則是隆隆。政治在這裡的原則的因應，很明顯的，那是以天心爲心，以天意爲意。那又是以民心爲心，以民意爲意，而且那還會是以時代之心爲心，以時代之意爲意；那還會是以萬物之心爲心，以萬物之意爲意。這便是「以茂對時，育萬物」。原則的因應，首先是無「性外之理，性外之物」。接著而來的，是「以類族辨物」。更接著而來的是「以茂對時，育萬物」。於此而同人无妄，那纔是中國農業政治的治術中所由以治的政治。

因之，在中國農業政治的治術中，其所謂簡單化的含義之一，即一致，是只求一貫，只求經久，不求劃一．於此，純亦不已，一切是出以單純，應以原則，而其所謂原則，便自然會是：

第一：「汝安乎?安則爲之。」

由此，而來的第二個原則，又自然會是：

「行一不義，殺一不辜而得天下，皆不爲也。」

再由此而來的又一個原則，也自然會是：

「父啊！倘若可行，求你叫這杯離開我，然而不要照我的意思，只要照你的意思。」（《馬太福音・二十六章》）只有這「安則爲之」，纔是一個究極的原則。只有這「不殺無辜」，才是又一個究極的原則。只有這「不照己意」，纔是又一個究極的原則。

8. 富於彈性

於是政治在這裡，便發生了一個性質上的問題，就是政治究竟是硬性的呢？還是軟性的呢？當然政治不會是軟性的，而且「徒善不足以爲政」，「博施濟眾，堯舜其猶病諸」。只是政治也究竟不應該是硬性的，更不應該是由硬性而至冷酷。因之，在中國農業政治的治術中，由一致經久，出以單純，應以原則而來的又會是富於彈性。要知富於彈性，實是對人性的深深了悟而來。胡文定有頌云：

「手握乾坤殺活機，縱橫施設在臨時，滿堂兔馬非龍象，大用堂堂總不知。」

要知富於彈性，那是政治對人性上的大機大用。禪師家常常說「死水不藏龍」，要知治術上的沒有彈性，對人性而言，便成「死水」。程明道亦有一句名言，說是「不哭的孩子，誰不能抱？」要知沒有彈性的治術，只是抱著不哭的孩子。要應以原則，自然會富於彈性。富於彈性是「泰，小往大來」。那是「天地交，而萬物通也；上下交，而其志同也；內陽而外陰，內健而外順，內君子而外小人，君子道長，小人道消也」（《易經‧泰卦象》）。一切不能有間隔，因之，天不能和地隔，上不能和下隔，陽不能與陰隔，健不能與順隔，君子不能與小人隔。但一切又不能不有距離，天與地有一個距離，上與下有一個距離，陽與陰有一個距離，健與順有一個距離，君子與小人有一個距離。這有一個距離而又無間隔，便是彈性。有了彈性，便會有交通，於是天地交，上下交，而萬物通，而其志同。有了這彈性，便會有安排，於是陽健和君子在內，陰順和小人在外。如此一長一消，大來小往，便成所謂「泰」。在政治上，那是惟有「國泰」，始能「民安」。那是：

「天地交，泰，后以財（裁）成天地之道，輔相天地之宜，以左右民（《易經‧泰卦象》）。」

天高地厚，而能相交，這其間的彈性，會是如何，當可設想。就根據這一點，也儘可讓一個政治的首腦（后），把天地之道，形成一種政治之道，把天地之宜，形成一種政治之宜，以便百姓橫豎都好，以使人民左右皆安。此之謂「爲天地立心，爲生民立命」。如果一切弄得緊緊的，則沒有距離，也就沒有交通，沒有交通，也就只有間隔。那便是「天地不交而萬物不通也，上下不交而天下無邦也」。那便是所謂「否」。到了否，那便是在政治上，民無以生，而國亦不復成其爲國。於是「萬物不通」，而天下無邦。這還不是沒有彈性的一個絕大的惡果麼？由於不能把一切弄得緊緊的，抓得緊緊的，掌握得緊緊的，所以便須富於彈性。由於富於彈性，便會四通八達，由於四通八達，那便會頭頭是道，這頭頭是道，就是泰。天地的本身就是泰，人性的本身就是泰，而政治的本身也就是泰。只因爲弄緊了，所以才弄小了。只因爲弄小了，所以纔弄糟了，弄「否」了。就因爲這樣，又讓這富於彈性的眞義聯接著簡單化的第一含義，即寬大的上面。在中國農業政治上的治術中，其簡單化的三個含義，寬大是聯接著實在，實在是聯結著一致，而一致復因富於彈性之故，又聯結著寬大。於是寬大是實在的寬大，是一致的寬大，是簡單化的寬大。實在是一致的實在，是寬大的實在，也是簡單化的實在。一致是寬大的一致，實在的一致，仍是簡單化的一致。寬大，實在和一致是相通的。這相通的原因，就是由於簡單化。這相通的結果，就是等於簡單化。分開來說，就是寬大、實在和一致的三義。合起來說，就是簡單化的一義。

9. 慈儉簡與簡單化

在中國農業政治之簡單化的治術中，其簡單化的含義，第一是寬大，由寬大而來的是王船山所謂之慈。而由此慈而至的，正是寬大。第二是實在，由實在而來的是王船山所說的儉，但由儉而至的也正是實在。第三是一致，由一致而來的是王船山所言之「簡」，惟由此簡而至的也正是一致。惟於此，必須慈以行儉，慈以行簡，始不致無本。這有本便是一個簡單化。惟於此，必須儉以行簡，儉以行慈，始爲「以約失之者鮮矣」。這守約便又是一個簡單化。惟於此必須簡以行慈，簡以行儉，則「慈不爲沾恩之惠，儉不爲貪吝之謀」（船山語）。這「不沾恩，不貪吝」，仍是一個簡單化。於此船山所云「慈儉簡」，分之爲三義，合之亦只簡單化之一義。中國農業政治上的治術是以簡單化爲治術。

第五章

治才

一、性情中的人物與簡單化中的人物

由中國農業政治裡的治道治體到治學治術，這是由無爲裡見出性情，由性情裡見出簡單化。

由中國農業政治裡的治學治術到治才治風，這是由簡單裡形成人物，由人物裡形成風氣。

這人物是性情中的人物，是簡單化的人物。這風氣是性情的風向，是簡單化的風向。中國農業政治上的治才，會都是性情中的人物，會都是簡單化的人物。中國農業政治上的治風，會就是性情的風向，簡單化的風向。否則所謂治才，便不會成其爲治才，所謂治風，便不會成其爲治風，那只是喪亂之才，那只是一衰世之風。

先說治才。

爲什麼治才會都是性情中的人物？那是因爲性情中的人物，一切本諸性情。本諸性情，便不致有己無人。不致有己無人，便會公爾忘私。這公爾忘私，是性本如此，是情不容己。

爲什麼治才會都是簡單化的人物呢？那是由於簡單化的人物，都儘有其生命的強度。有其生命的強度，便會有其生命的推擴。有其生命的推擴，便會有其生命的客觀化。這生命的客觀化，會是一個人的直道化和理性化。直道化是生命的本質，所謂「人之生也直」。生命的本質，不能不是直道。理性化，是簡單化的究竟，所謂「易簡而天下之理得」。簡單化的究竟，不能不是理性。

所謂性情中的人物，亦就是天性中的人物。求人才於性情之中，是求人才於天性之中。天性中會有人才，還會有天才。

所謂簡單化中的人物，亦就是鄉土的人物。求人才於誠樸之中，是求人才於鄉土之中。鄉土中會有志士，鄉土中還會有仁人。

雖然在現實上，性情中的人物和簡單化的人物，會有時不甚一致，但在道理上，簡單化的人物和性情中的人物，必然是合而爲一。因爲性情有其純度的不同，簡單化有其程度的差別，所以在現實上，兩者有時會不甚一致。但同一純度的性情中的人物，必然是和同一程度的簡單化的人物，合而爲一。所以這兩者，儘可混爲一談，說性情中的人物，會就是簡單化的人物，說簡單化的人物，會就是性情中的人物。

劉邵《人物志．九徵篇》中有語云：

「蓋人才之本，出乎情性，情性之理，甚微而玄，……凡人之質量，中和最貴矣，中和之質，必平淡無味，故能調成五材，變化應節。是故觀人察質，必先察其平淡，而後求其聰明，……其爲人也，質素平澹，中叡外朗，筋勁植固，聲清色懌，儀正容直，則九徵皆至，則純粹之德也。九徵有違，則偏雜之材也。三度不同，其德異稱，故偏至之材，以材自名，兼材之人，以德爲目；兼德之人，更爲美號。是故，兼德而至，謂之中庸，中庸也者，聖人之目也。具體而微，謂之德行，德行也者，大雅之稱也。一至，謂之偏材，偏材，小雅之質也。一徵，謂之依似，依似，亂德之類也。一至一違，謂之間雜，間雜，無恒之人也。無恒，依似，皆風人末流，末流之質，不可勝論。」

其所謂平淡無味，就是簡單化。平淡是本色，無味是本質，簡單化就是所以見其本色，用其本質。於此，簡單化之相，便有九徵；其一爲看來平平常常，冷冷淡淡。其二爲裡面清清楚楚。其三爲外面明明朗朗。其四爲有一股勁，切切實實。其五爲有骨格，磊磊落落。其六爲一說話，爽爽快快。其七爲一表白，誠誠懇懇。其八，樣相是正正堂堂。其九面容是耿耿介介。這九個徵候，都到了頂點，那便是純粹之德，這純粹之德，就是一個全材。這全材就是中庸，這中庸就是聖人。因之聖人就是簡單化到了極點。簡單化的另一極端，就是間雜，這個間雜，就是「一至一違」，就是「無恒」無常，就是把握不定，就是唯唯否否，就是鬼鬼祟祟，但又有其「依似」，又有其一徵，因之又會漂漂亮亮。舉凡是「亂德之類」，末流之質，亂世之材，衰世之人，都會是漂漂亮亮的。人一到了只是漂亮，只是依似，只是間雜，這便不足一談了。

二、中庸之德與拘抗之才

子曰：「中庸其至矣乎，民鮮能久矣。」

中庸，從道上說，那是至德；從治上說，那是全材。那是簡單化到了極點。那也是一個理性的宇宙的本身。那是至為不偏，所以至為「不易」，那是至中，所以便成至常。至中是本體，至常是大用。只是「人莫不飲食也，鮮能知味也」。本體爍爍，人固不識，大用堂堂，亦總不知。如能識之，便為至德；如能用之，便屬全材；這至德全材，乃是「聖人之目」。在中國農業政治之治才上，依理想而言，則聖應為王。惟在事實表現，聖卻任教。善政得民財，善教得民心，於是這政以得財，教以得心，便成了中國農業政治的一車雙輪。王者所形成的是政統，聖者所形成的是道統。「天下有道，以道殉身」。那是政統與道統之能相互為用，大開大合。因之，道便安頓了一切的生命，也安頓了自身。「天下無道，以身殉道」，那是政統與道統之不能相互為用，有所衝突。因之，道無由安頓一切的生命，而自身亦復爲道犧牲了。

這政統與道統之成爲中國農業政治的一車雙輪，其推動的目標，實是一個大同世界。但只有在天下有道路可走時，這一輛車子，才能推得動。「大道之行也，天下爲公」，只要走上了大道，天下便爲公。所謂「爲公」，就是天下乃天下人之天下，國家乃全國人之國家，政治乃全體人民之政治。用現在的話來說，就是一個民主世界，民主國家，民主政治之眞正的完成。這一眞正的完成，用我們以前的話來說，就是「用九，群龍無首，吉」（《易．乾卦》），大家都是主人，都是主體。「王者，往也」，所謂王者，那只是大家所嚮往的所在和所嚮往的人物。一切是「不同同之」。這「不同同之」，就是大同。這「不同同之」，容許一切的差異，一切的傳統，而又能有其一致，有其傳統。這樣的世界，就是大同世界。中國農業政治走的實在是這一條路。

但政統與道統，有乖有離。於是天下便成了有道無道，而國家也就有治有亂了。這一輛中國農業政治的車子，推動了幾千年，本民主政治以論其結果，則道統這一車輪，已推動出一個車轍，形成了一種風氣，這風氣會就是民主風氣。而政統這一車輪，亦已推動出一個車轍，形成了一種制度，但這制度卻不是民主制度。反過來，我們要是以中國農業政治上聖賢任教的觀點，來看當今的民主政治，不論歐美，那還只是有民主制度，而乏其眞正的民主風氣，此在中國農業政治的治風裡，足資比較。

在中國農業政治的治才中，由中庸之道，到來的中庸之德，由中庸之德，到來的中庸之才，那實在是一切的中心，所謂「其人存，則其政舉」之理，實應於此中求之。

劉邵《人物・志體別篇》云：

「夫中庸之德，其質無名，故鹹而不鹼，淡而不醋，質而不縵，文而不繢，能威能懷，能辯能訥，變化無方，以達爲節，是以抗者過之，而拘者不逮。夫拘抗違中，故善有所章，而理有所失。是故厲直剛毅，材在矯正，失之激訐。柔順安恕，美在寬容，失在少決。雄悍傑健，任在膽烈，失在多忌。一精一良畏愼，善在恭謹，失在多疑。強楷堅勁，用在楨幹，失在專固。論辯理繹，能在釋結，失在流宕。普博周給，弘在覆裕，失在溷濁。清介廉潔，節在儉固，失在拘扃。休動磊落，業在攀躋，失在疏越。沉靜機密，一精一在玄微，失在遲緩。樸露徑盡，質在中誠，失在不微。多智韜情，權在譎略，失在依違。……」

在中國農業政治上，那是「國無仁賢，其國空虛」，一切都要靠由中庸之德而有的中庸之才，做一個重心，做一個核心，做一個衡量，做一個標準。所有的人才，都會有得有失，只有這中庸之才，才是「變化無方，以達爲節」，那可以讓抗者相形之下，知其爲抗。那可以讓拘者，相形之下，知其爲拘。由此，而抗者有抗之用，拘者有拘之用。這使抗者有了安頓，拘者也有了安頓。於是強毅之人，「可以立法」，柔順之人，「可與循常」，雄悍之人，「可與涉難」，懼愼之人，「可與保全」，凌楷之人，「可以持正」，辯博之人，「可與汎序」，弘普之人，「可以撫眾」，狷介之人，「可與守節」，休動之人，「可以進趨」，沉靜之人，「可與深慮」，樸露之人，「可與立信」，韜譎之人，「可與讚善」。於是各色各樣的人才，都有了用，有了安頓，這便能人盡其材。到人盡其材時，就會地盡其利，以至整個國家，就會充實起來，就會不致空虛。要是一個國家，沒有那樣的中庸之材，那樣的仁賢，作個重心，做個核心，做個衡量，做個標準，那便使拘抗俱失，各色各樣的人才，俱歸無用。這便等於國家的無才，等於國家的無人，等於國家的空虛。沒有了用，沒有了安頓，這就是空虛。而中庸之德，仁賢之才，其對一切的用途和安頓，最大的地方，就在使學能入道，恕能周物。「夫學，所以成材也，恕，所以推情也，偏才之性，不可移轉矣。雖教之以學，才成而隨之以失，雖訓之以恕，推情各從其心，信者逆信，詐者逆詐，故學不入道，恕不周物，此偏才之益失也」（劉邵語）。但如學能入道，以道化之，恕能周物，以周全之，則偏材無失，而各有所用，各有安頓。因之，在中國農業政治上的治才中，仁賢聖者，雖不爲王，但能任道任教，亦儘有其大機大用了。

三、政治上的領袖人物

1. 開國之君與簡單化

在中國農業政治上，談到治才，可以說是有一個定律，即在每一朝代中，其開國之君及嗣後的二三君主（短命朝代不在此例）都會是簡單化的人物。到了朝代的末期，尤其是亡國之君，不是昏庸，便是閒雜。有的雖有簡單化之質，但因不走簡單化之路，終至身死國亡。黃帝垂衣裳而天下治，堯是「蕩蕩乎民無能名焉」。只因簡單化的行所無事，所以垂衣裳而治。只因簡單化的無可形容，所以民無能名。「舜禹之有天下也，而不與焉」，「湯執中」，「文王之所以爲文也，純亦不已」。有了天下，又能把自己從天下推出去，以客觀化著自己，這當然是一個簡單化。能「執中」，這是把一切簡單化的成為一點。「純亦不已」，這是簡單化到了純粹的地步，又繼續不斷地簡單化著。此為兩漢以前，王者就是聖人，即聖王合一的情形。到了兩漢，高祖的「豁達大度」，「無可無不可」，這固是對他加以簡單化的形容。而其及貴，常冠其所謂劉氏冠，臨死，謂「命乃在天，雖扁鵲何益」，終不求醫的事實，更可令人想像其簡單化的神情。光武則在馬援初見之下，即感覺其「開心見誠，無所隱伏，濶達多大節」。這「無所隱伏」等，就是簡單化的結果。一複雜，便多隱伏。又其「未嘗自伐昆陽之功」，並「自兄縯之死，每獨居，輒不御酒肉，枕席有涕泣處」。及得天下更謂「吾治天下，亦欲以柔道行之」。這不伐、暗泣及柔道等，固無一不足為其簡單化的註解。一複襍就會得意忘形，就會逞強無義。唐太宗少時，劉文靜見之，即謂斐寂曰：「此非常人，豁達類漢高，神武同魏祖，年雖少，命世才也。」又史載：

「劉武周降將尋相等多叛去，諸將疑尉遲敬德，囚之軍中，屈突通，殷開山言於世民曰：敬德饒勇絕倫，今既囚之，心必怨望，留之恐為後患，不如遂殺之。世民曰：敬德若叛，豈在尋相等後耶？遽命釋之，引入臥內。賜之金曰：以丈夫意氣相期，勿以小嫌介意，吾終不信讒言，以害忠良，公宜體之，必欲去者，此金相資，聊表一時共事之情也。」

這事也許會有人說：會是一個領袖人物的打天下的權變。但即使是用權，那也是權變的極度的簡單化。於此，權變中，並無曲折，對一個敵人，能引入臥內，坦然不疑，直心相待，不信讒言，這就儘可感動著對象。而一複襍，就不能動人。接著史載：

「已而世民以五百騎行陣地，王世充帥騎萬餘，猝至圍之，單雄信引槊直趨世民，敬德躍馬大呼，橫刺雄信墮馬。屈突通以大兵繼至，世充兵大敗，僅以身免。世民謂敬德曰：何相報之速也。」

這眞是性命在呼吸之間，只因對其敵將簡單化之一念，和簡單化之一舉，而直心相待，遂終獲其敵將之直心相報。此非可以詐山之，亦非可以以詐報之之事。又史載：

「右饒衛大將軍長孫順德，受人餽絹，事覺，上（唐太宗）曰：順德果能有益國家，朕與之共有府庫耳，何至貪冒如是乎？猶惜其有功，不之罪。但於殿庭賜絹數十匹。大理少卿胡演曰；順德枉法受財，罪不可赦，奈何復賜之絹？上曰：彼有人性，得絹之辱，甚於受刑，如不知愧，一禽獸耳，殺之何益？」

這事也許又會有人說是一個領袖人物治天下的權變，但如此用權，也是權變的極度簡單化，那總是根據著「彼有人性」之一念，從而走上「齊之以刑」以上的一條路，那總會是對「爲政以德，譬如北辰，居其所而眾星拱之」的一種衷心的嚮往，從而具備著一個政治領袖所應有的一種風度。打天下要有氣度，治天下要有風度。這氣度和風度，究竟是由一種寬度和厚度而來，究竟是由一種簡單化而得，固不能因其以後爲爭天下而遭家庭之變一事而斥其爲用心複雜，用志紛紛。這一家庭之變的根本原因，其實是在唐高祖之有天下，乃由太宗之開國。於此，高祖之未能將此事予以簡單化之處理，實未免於「居簡而行簡」，至造成此一複襍之局面。

說到宋太祖的簡單化，王船山已對其有極大之推崇。史載：「趙普剛毅果斷，然多忌刻，屢以微時所不足於帝及己者爲言，帝曰：若塵埃中可識天子宰相，則人皆物色之矣。」試想這是一種如何簡單化的氣度和風度？漢高祖之封雍齒，會有一種作用，而宋太祖於舊日的不足，卻全無作用。孔子曰：「不念舊惡，怨是用希。」這所以成就著「聖之清」的簡單化，竟也作成了宋太祖簡單化人格的內容之一種。由殘唐五代之陰慘，一變而爲兩宋之清明，雖其特徵爲講道理和不殺士大夫，但此「講道理」，即是生命的客觀化於道理之中，此「不殺士大夫」，即是對人文教化的尊崇，而讓文化成爲政治的血液，營養全身。如此兩個特徵，也正是宋太祖個人生命的簡單化之結果，遂致惠及天下，惠及後世。

一個大朝代的開始，有賴於簡單化之一人，此之謂「一人定國」。把一切簡單化，便可把一切敞開來。把一切敞開來，便可把一切定下來。而要一切簡單化的關鍵，則在一個元首之能將其個人生命加以簡單化。在開國之君裡面，其常令人非議其猜忌刻薄，而疑其爲複雜曲折，念頭多端，實未能簡單化者，當推明太祖。其實明太祖在求生不得、求死不能中，以一個小和尙的身份，平地而起，其慘痛之情和驅胡之念，會是一個簡單化。及得天下，求其故人田興，親筆作書，竟謂「朱元璋自朱元璋，皇帝自皇帝，朱元璋不過偶然做了皇帝……此來只敘兄弟之情，不談國家之事」。而其書信結尾更說：「清者自清，濁者自濁，有如此水。你不過江，不是漢子。」像這些話，如果不是一個生命已經簡單化了的人，又如何能夠道得出？再看他所謂「爲天下屈四先生」之言，也可看出他之能將生命逐漸客觀化以致簡單化的情形，他把孟子提出孔廟，他喜杖殺士大夫，甚至遍設剝皮場，其實他所恨的，只是腐儒，只是所謂「法利賽人」。這些人士，就根本是一種最不簡單化以至裝腔作勢的人物，而且他痛恨他們，還有一個大前提，就是他極重視農民，酷愛農民。他憤恨文士，是爲了農民，而農民則正是最爲簡單化的人物。他對孟子，那只是爲了「君爲輕」一句話的衝動，這是他的生命的不純處，但亦是他生命的粗野處，然亦惟其粗野，始易有其簡單化之處。

2. 亡國之人與自任

在中國農業政治的治才中，用普通的眼光看是最不應失敗，但畢竟成爲亡國敗家之人者，第一個是隋煬帝。煬帝是一個才華中人，但爲了荒淫，爲了暴亂，爲了複褋，竟把他父親的天下，一下子弄糟了。史載：

「隋煬帝至江都，荒淫日甚，酒巵不離口，然見天下危亂，亦不自安，退朝則幅巾短衣，徧歷臺閣，汲汲顧景，唯恐不及。仰視天文，謂蕭后曰：外間大有圖儂，然且共樂飲耳，因飲沉醉，又引鏡自照曰：好頭頸，誰當砍之？后驚問故，帝笑曰：貴賤苦樂，更迭爲之，亦復何傷？至是宇文化及，帥令狐行達縊殺之。」

這「貴賤苦樂，更迭爲之，亦復何傷」？原亦是生命的簡單化。所謂「素富貴，行富貴，素貧賤，行貧賤」。讓一切不在心頭，無所容心其間，這是乾乾淨淨，這亦是簡單化。只不過聖人君子，於此是徹頭徹尾、徹始徹終、徹內徹外、徹上徹下的簡單化。而煬帝於此，卻只能是臨死前一念之簡單化。這正是，「鳥之將死，其鳴也哀，人之將死，其言也善」。通常一個人最初的一念，總是簡單化的，總是善的，最後的一念，也總是簡單化的，總是善的。但這是太微微了，太遲遲了。對最初的簡單化的一念，不能堅持下去，那是不足道的。對最後的簡單化的一念，只是由極度的煩複而來，那是無可挽救的。因之煬帝的結局，畢竟是悲劇的結局。凡是複雜的，都是可悲的。

其次是徽宗，史載：

「元順帝一日覽徽宗畫，稱善，奎章閣學士巎巎進言：徽宗多能，惟一事不能。帝問何謂一事，對曰：獨不能爲君耳，其身辱國破，皆由不能爲君所致，凡爲人主，貴能爲君，他非所尚也。」

所謂貴能爲君，就是貴能簡單化，蓋「主德者，聰明平淡，總達眾材，而不以事自任者也」（劉邵語）。一不能簡單化，便要以事自任，一以事自任，便會使人才失所，治不成治。

喜歡自任而不能任用人的君主，更好的例子是明朝的崇禎皇帝。崇禎的令人懷念，是他的最後能夠殉國。當他殉國時，他竟斥長平公主道：汝何故生我家？這最後的舉止，是一種最後的簡單化。但在崇禎全生命中，亦只有這最後的一點簡單化。在這殉國以前，他任用不專，他不信任他的大臣，他以太監監軍，他不信任他的軍隊，他複雜極了。因之，自己便瓦解了自己的一切，坐待寇至，坐待國亡。昏庸亡國，蓋猶可說，才幹亡國，實更可哀。人君昏庸，那是由於他的生命，在一種陷溺的混沌狀態中，抬不起頭來。人君逞能，那是由於他的生命在一種有爲的間雜狀態中，攪亂了心血。兩者都未能好好地安頓著一己的生命，因之，也就無由安頓著政治的生命，以至國家的生命。劉邵《人物・志流業篇》中有言云：

「主道得而臣道序，官不易方，而太平用成，道不平淡，與一材同用好，則一材處權，而眾材失任矣。」

人君一到自任，就只能任其一端；一到自用，就只能用其一材。天下事絕非一端所能盡，因之政治亦絕非一材所能濟。在上的愈純愈淡，則在下者便愈有用有力。在上的愈簡單化，則在下者便愈活躍，愈有生機。只有讓天下有其無窮的生機，才可以讓天下有其眞正的治理。亦只有讓天下有其眞正的治理，才可以讓天下有其絕大的生機。

四、政治上的宰輔人物

1. 開國元勳的能與賢

在中國農業政治的治才中，不僅最上的一層，即君主，要簡單化的人才充之，即其次一層的宰相，亦須以簡單化的人材充之。人多稱唐宋之治，而唐宋兩代之治，即多得力於宰相的簡單化。史載：

「李勣為將，有謀善斷，與人議事，從善如流，戰勝則歸功於下，所得金帛，悉散之將士，故人思致死，所向克捷。……其姊嘗病，勣已為僕射，親為之煮粥，風回斷其鬚鬢，姊曰：僕、妾多矣，何自苦如此？勣曰：非為無人使令也，顧姊已老，勣年亦老，雖欲久為姊煮粥，其可得乎？勣嘗謂人，我十二三時為亡賴賊，逢人則殺，十四五時為難當賊，有所不愜則殺人，十七八為佳賊，臨陣乃殺之，二十為大將，用兵以救人死。」

這是大唐開國元勳，由將至相的一段簡單化的過程，小時亂殺人，到老時，就只願爲姊煮粥。生命至此，亦就可說是頗爲單純了。而其功業就建築在這繼續不斷的單純化之上。又史載：

「戴至德劉仁軌爲左右僕射，更日受牒訴。仁軌嘗以美官許之，至德必據理難詰，未嘗與奪，實有冤結者，密爲奏辯，由是時譽皆歸仁軌。或問其故，至德曰，威福者人主之柄，人臣安得盜取？上聞而深重之。有老嫗欲詣仁軌陳牒，誤詣至德，至德覽之未終。嫗曰：本謂是解事僕射，乃不解事僕射耶？歸我牒。至德笑而授之，時人稱其長者。」

這「不解事」，而實眞解事的長者，就是一個所謂簡單化的人物，而宰相也正需要著這種人物以充之 。又史載：

「太后謂狄仁傑曰：卿在汝南，甚有善政。卿欲知譖卿者名乎？仁傑曰：陛下以臣爲過，臣請改之，知臣無過，臣之幸也，不願知譖者名，太后深嘆美之。」

這不願知譖者名，已經是簡單化著事體，並簡單化著一己的生命了。但於此，有一較其更爲簡單化的人物，那便是婁師德。史載：

「狄仁傑之入相也，婁師德實荐之，而仁傑不知，意頗輕師德，數擠之於外，太后覺之，嘗謂仁傑曰：師德知人乎？對曰：臣嘗同僚，未聞其知人也。太后曰：朕之知卿，乃師德所荐也，亦可謂知人矣。人傑既出，嘆曰：婁公盛德，我爲其所包容久矣，吾不得窺其際也。是時羅織紛紛，師德久爲將相，獨能以功名終，人以是重之。」

這是一個人簡單化得令人「不得窺其際」。史稱其寬厚清愼，犯而不校，蓋惟簡單化著一己的生命，始能眞有其生命的寬度與厚度，亦惟有簡單化著一己的生命，始能眞有其生命的清明和愼重。他固在羅織紛紛中自全，但他亦復在羅織紛紛中全著他人，以保全著天下的生機和政治的生氣。後來又有楊綰，史載：

「楊綰，性清簡儉素，制下之日，朝野相賀，郭子儀方宴客，聞之，減坐中聲樂五分之四，京兆尹黎幹，騶從甚盛，即日省之，止存十騎。中丞崔寬，第舍宏侈，亟毀之。」

這是由於一個人的簡單化，立即會形成著一種簡單化的風氣。一切由性情發出的，總是有力的。郭子儀在當時是功蓋天下，位極人臣，「窮奢極欲，而人不之非」的，史稱「其子曖嘗與尚昇平公主爭言，曖曰：汝倚乃父爲天子耶，我父薄天子不爲，公主恚，奔車奏之。上曰：此非汝所知。彼誠如是，彼欲爲天子，天下豈汝家所有耶？慰諭令歸」。似此薄天子而不為的郭子儀，竟也為了楊綰的性清簡儉素而立即減坐中聲樂五分之四。試想：這由性情發出的簡單化的力量，會是如何的一種大力量。

大體說，唐宋兩代的宰輔，比較起來，唐之能者為多，而宋之賢者為多。唐以氣質之美、才華之盛著稱，其治雖隆，惟究難以為法，且無以持久，及其氣盡才竭，便暗無天日，大亂不已，敗亡之慘，即無以復加。宋治雖因遭逢亙古未有之強敵（即在今日視之，亦為全人類歷史上所僅見之強敵），以致表面顯得軟弱，惟其清明溫暖，究仍為人類歷史上所有政治成就中之一大奇蹟。而宋之此種政治成就，得力於其賢相之處特多。史載：

「呂蒙正初入朝堂，有朝士指之曰：此子亦參政耶？蒙正佯為不聞而過之，同列不能平，詰其姓名，蒙正遽止之曰：若一知其姓名，則終身不能忘，不若弗知之為愈也，時人服其雅量。」

似此雅量，自亦為呂蒙正個人生命簡單化之一特質。一個人不能將其生命簡單化，便無由獲其雅量。孔子見「雍也簡」，於是便覺得他可以南面。這可以南面，可以做領袖，可以做皇帝，是需要雅量，但做宰相，亦是做領袖，亦是代皇帝當著政，當著家，亦是等於南面，所以也不能不要一個雅量。又史載：

「寇準數短王旦於帝，而旦專稱準，帝謂旦曰：卿雖稱其美，彼專談卿惡，旦曰：理固當然，臣以在相位久，政事缺失必多，準對陛下無隱，益見其忠直，此臣所以重準也，帝由是益賢旦。中書有事送密院，違詔格，準以上聞，旦被責第拜謝，堂史皆被罰。不逾月，密院有事送中書，亦違詔格，堂史欣然呈旦，旦令送還密院而已，準大慚謝。及罷，準托人語旦，求為使相，旦驚曰：將相之任，豈可求耶？吾不受私請也，準深憾之，已而除準武勝節度使，同平章事，判河南府。準入見，謝曰：非陛下知臣，安能至此？帝具道旦所以薦者。準愧，嘆以為不可及。」

自己專說人家的好，而讓人專談自己的惡，並為人平心靜氣地解釋著自己所以被稱為惡的原因，從此肯定著批評的價值，和反對意見的價值之所在。這用以前的話來說，是一種雅量，這用現在流行話來說，便是一種眞正的民主的風度。在這種眞正的民主的風度裡，王旦還進一步，只讓人家嚴厲的檢舉著自己的過錯，以致自己被罰也毫不在乎。而自己對人家的過錯，則儘量地容忍，全不使人吃虧。同時表面上絕不做好，絕不討好，但暗中卻推重談自己的惡的人，保荐對自己檢舉的人，這用以前的話來說，是一個厚道，這用現在流行的話來說，會就是最高的民主道德。目前的民主政治，最多只表現了一點民主風度，而此最高的民主道德之培養，則猶有待。此非把自己的生命十分客觀化，不能辦到。但要把自己的生命十分客觀化，又非把自己的生命十分簡單化，不能辦到。雅量與厚道，都是由於一個人的生命沒有渣滓。要一個人的生命沒有渣滓，就須得簡單化。又史載：

「王旦薦人，人未嘗知，諫議大夫張師德，兩詣旦門，不得見，意爲人所毀，以告向敏中，敏中從容言之，旦曰：旦處安得有毀人者？但師德後進，待我薄爾。及議知制誥，旦曰：可惜張師德，旦曰：累於上前言師德名家子，有士行，不意兩及吾門，狀元及第，榮進素定，但當靜以待之耳，若復奔競，使無階而入者，當如何也？」

要生命沒有渣滓，就須簡單化，要簡單化，就須靜下來。大宋的天下所以治，是由於靜下來，大宋的學術所以昌明，是由於靜下來，大宋的人才所以盛，也是由於靜下來。人生而靜，是性情中人，就是靜氣迎人。性情之教，固然是寧靜致遠的，就是現代科學也儘有其寧靜致遠的所在。只可惜這科學的寧靜致遠的所在，竟爲現代一般科學家所忽略，以致望道未見，而無助於個人生命的簡單化，也無助於時代生命的簡單化。這實是現在的時代，所以成爲一個煩複的擾攘的時代之底因。王旦絕不要人家拜他的門，這不要拜門，用以前的話說，是抑奔競；用現在的話來說，是民主要有民主的作風，民主要有民主的人格。自己拜門是不尊重自己的人格，要人拜門，是不尊重人家的人格。這不尊重人格，就是否定個人的尊嚴。這否定個人的尊嚴，就是否定民主。民主人士的活動是向文化活動，是向生產活動，是向一切社會事業活動，並不是一味從事政治活動，更不是一味奔競的所謂活動份子。大宋的天下所以靜下來，大宋的政治所以定下來，會是由於李沆爲相，「不用浮薄新進喜事之人」，以及王旦等之極力抑著奔競。因之，目前的時代要靜下來，目前的政治要好起來，也總要抑一抑所謂活動份子。而要抑奔競，抑制活動份子的最好辦法，就是不要拜門。這不要拜門，是一個人的生命的簡單化之一要著，也是要談民主的起碼條件。

2. 悄然自處與抑奔競

說到向敏中，據《宋史》所載：

「向敏中性端厚愷悌，多智知人，善處繁劇，時以重德目之，初帝以即位未嘗除左僕射，意敏中應甚喜，賀客必多，使人密覘之，云敏中方謝客，門闌悄然，矚其庖中，亦寂無一人，帝大笑曰：向敏中大耐官職。」

人惟簡單化，始能端厚。人惟簡單化，始能愷悌。因端厚是生命的單純，愷悌也是生命的單純。這一純度，都是由簡單化的程度而來。由此而清明，這便多智知人，由此而靜寂，這便善處繁劇。其所謂重德，會就是這一簡單化之德。連生命都簡單化了，官職自更有其簡單化的看法，這便無須賀客，無須張揚。愛好賀客，愛好張揚，這不過是生命的愛好熱鬧，愛好繁複。由此而至驕奢，更只是生命的衰落。所謂「衰至便驕，何常之有」（北魏賈思伯語）。由賀客而張揚，由張揚而驕矜，更由驕矜而奢侈，由奢侈而無所不為。這更是一個人的生命的完結。有生命的人，有生命的強度的人，總會是在任何情況下，都悄然自處的。而亦惟能悄然自處者，始能為一賢宰。

王旦之後，還有王曾，那是王旦所推重的人物。史載：

「王曾罷政事，王旦聞之曰：王君介然，他日德望勳業甚大，顧予不得見爾。或請問其故，曰：王君昨辭觀使，雖拂上旨，而辭直氣和，了無所懼。且始被進用，已能若是，我自任政事二十年，每進對稍忤，即蹙踖不能自容，以是知其偉度矣。」

這是王旦眼中所看到的王曾。這是不僅看到王曾生命的容量，而且還看到王曾生命的重量。在中國農業政治的治才中，除著重著一個人的容量以外，還著重著一個人的重量。唐高宗時，盧承慶為司刑大常伯，嘗考核朝內朝外的官員。有一官督運遭風失米，他便考核道：監運損糧，考中下。那人容色自若，無言而退，於是他便覺得這人有其雅量，遂改考語為「非力所及，攷中中」。而那人對這意外的考核，既無喜容，亦無愧詞，於是他又改著考語，說是「寵辱不驚，考中上」。這事在中國農業政治上，已傳為美談，但如以現代人事考核的眼光來看，這會是不合規定，不合科學。其實人事考核，本非條文全部所能規定，亦非與自然科學同一性質。人事究竟是人事，由寵辱不驚，就可以知其人的重量，由其人的重量，就可以知其人的沉著，由其人的沉著，就可原諒其人的意外。這豈非在人事上，盡情就是盡理，而盡理亦正是盡情麼？王旦之觀察王曾，由其了無所懼，而知其偉度；又由其偉度，而知其勳業；這是由一個人的重量，而知一個人的容量，由一個人的容量，而知一個人的成就。而一個人的重量，也正是一個人生命的簡單化所應有的結果。又據《宋史》載：

「王曾方嚴持重，每進見言利害事，審而當理，多所薦拔，尤惡僥倖，帝嘗問曾曰：凡臣僚所對，多求進者，曾對曰：唯陛下抑奔競而崇恬靜，庶幾有難進易退之人矣。」

好人必然是難進易退，賢者必然難進易退，有分量的人必然是難進易退，簡單化的人，必然是難進易退。惟難進易退，則無所求，惟難進易退，則無所懼。無所懼，則寵辱不驚，如此則風度見。無所求，則患得患失之心無，而風骨顯。有風骨則有所守。

有風度則有所爲。於此，恬淡是有守之徵，而寧靜則是有爲之象。崇恬靜，即所以示人以有守有爲。抑奔競，即所以示天下以定分定軌。王曾的方嚴，亦即於抑奔競中見之，而其持重，則於崇恬靜中見出，固非故爲方嚴而漫言持重之人可比。因持重，故審而當理。因方嚴，故尤惡僥倖。凡此皆一個人的生命的簡單化的必然結果。由方嚴而持重，由持重而恬靜，由恬靜而簡單化，又由簡單化而方嚴持重以至恬靜，這會是循環無端，這又會是一線上昇，而其關鍵則在一個簡單化。大宋自太祖以簡開國後，氣象即爲之一新，而其初期宰輔爲李沆、王旦以至王曾輩，又皆能以其個人生命的簡單化，導天下於簡單化之途，使政治平易近人，而又清明溫暖，不露精彩。惟至富范諸賢一出，雖其個人儘有其生命的簡單化，並將宋治更推進一層，顯其作爲，露其光彩，但終因此作爲與光彩，而使宋治走向下坡，其宰輔人物，亦愈來愈欠缺其簡單化之氣象。至王安石、司馬光，即難以語此，其他更不足論。史載：

「富弼始受命使契丹，聞一女卒，再往，聞一男生，皆不顧，得家書，未嘗發，輒焚之，曰：徒亂人意。故能成兩國之好。帝復申樞密直學士之命，弼辭，又除翰林，弼懇辭曰：增歲幣非臣本意，特以方討元昊，未暇與爭，改忍死耳，敢云賞乎？」

又史載：

「范仲淹選監司也，取班薄視不才者，一筆勾之。富弼曰：一筆勾之甚易，焉知一家哭矣？仲淹曰：一家哭何如一路哭耶？遂悉罷之。」

於此，富范儘有生命的簡單化，儘有其作風的簡單化，然較之大宋初期宰相李沆、王旦諸人，總令人思及范富諸人是行簡單化，而非由簡單化行。李王爲相不吃力，而富范爲相則頗吃力。要知在中國農業政治上，爲君不應吃力，爲相亦不能吃力。一吃力，雖始則天下爲之一振，耳目爲之一新，但繼則天下爲之一動，而耳月爲之一搖。如此下去，則天下不亂不止，耳目不昏不休。故由富范之一吃力，遂致王安石、司馬光等之只知吃力，而動天下，搖耳目，以植禍根。富范的人格，非不偉大，富范的勳業，非不驚人，富范的用心，非不眞切，富范的作爲，非不痛快，但痛快裡露精彩，眞切裡露精彩，偉大裡露精彩，以致精彩驚人，並驚動天下，驚動後世，這對目前的民主政治而言，會是最理想的人物，但對更高的民主政治而言，最理想的人物，則會眞的是「君子所過者化，所存者神，上下與天地同流，豈曰小補哉？」

3. 對第一流人才的處置

就富范二人比，則范的境界自又較富有所不同。史載：

「張載少喜談兵，至欲結客取洮西之地，年二十以書謁范仲淹，仲淹謂之曰：儒者自有名教可樂，何事於兵？因勸之讀《中庸》」。

又載：

「狄青數立奇功，尹洙與談兵善之，薦於韓琦、范仲淹曰：此良將也。二人待之甚厚，仲淹授以《左氏春秋》，且曰：將不知古今，匹夫勇耳。青由是折節讀書，悉通秦漢以來將帥兵法。」

於此，我們當知范仲淹的用心深遠。他深知軍事離不開政治，而政治的血脈又在文化。他勸張載讀《中庸》，那只是要讓國家的第一流人才歸於文化之頂，歸於心性之學。他又勸狄青讀《春秋》，那只是要讓國家的軍事國防，密接著國家的歷史文化，聯接著國家的精神發展。他是如此顧全著國家的全盤局勢。他是如此成全著國家的文武人才。他不僅顧照現在，他還要顧照後來。他知道他個人只是歷史發展的一個環節，而這一環節，卻必須得承先啓後，繼往開來，繼往已是不易，開來尤其艱難。他知道人類歷史文化的進展，至爲不易，至爲艱難，他就是這樣把他的生命簡單化於此不易與艱難裡，所以他說他要「先天下之憂而憂，後天下之樂而樂」。他的生命實在是一個簡單化的生命，他的生命實在是一個偉大的生命。凡是簡單化的，都是偉大的。在中國農業政治的治才中，宰輔應當是偉大的，所以就應當是簡單化的。

五、治才的識拔

1. 才難之故與人才自用

《論語》載：樊遲問仁，子曰：「愛人。」問知，子曰：「知人。」在中國農業政治上，愛人是一件最大的事情，知人是一件最大的本領。一切的心思是用在愛人上，一切的知慧是用在知人上。而在愛人與知人上，愛惜人才與識拔人才，更為第一義。仲弓問為政，孔子就特別告訴他要舉賢才。要如何才能知道賢才，把他推舉出來呢？孔子的回答是：「舉爾所知，爾所不知，人其舍諸？」在這裡，所謂知人是一件最難的事，但也是一件最簡單的事。只要大家都能切切實實的根據他自己所知道的賢才推舉出來，你所不知，自然會有他人知道，如此，賢才總是可以被推舉出來的。雖然知人是知，是知慧之全，但選舉卻是人人可行，不論智愚，皆能有當。

如此說來，政治上就應當不乏賢才。但究其實，賢人雖經人君夢寐以求，但終難得。所謂才難之嘆，自古已然。子貢問孔子以「今之從政者何如」？孔子便答道：「噫，斗筲之人，何足算也？」在這裡，我們如果能了然於中國農業政治上之一個最重要的線索，即由無爲裡見出性情，由性情裡見出簡單化，由簡單化裡見出人才，再由人才裡見出風氣，由風氣裡見出眞正的政治來，那就不難知道從政者，如何多是斗筲之人？那眞會是一如曾國藩之言，乃「繫乎一二人心之所向」。只要向著這一個最重要的線索，就會不怕不知人，不怕沒有人才，因之也不怕沒有治績，沒有勳業。如果一定要自私用智，走出這一條路，別求知人，別求人才，別求治績，別求勳業，其結果必至所知非人，所求非才，所治愈亂，而所爲全失。所謂知人爲知，那是不在知識，而在智慧。所謂知慧，那是不在聰明，而在誠明。惟誠則明，而惟簡單化則誠。知人之知，那是性格了解著性格，簡單化吸引著簡單化，凡是人才，總是簡單化的。君相之才，固應當統體是透明，統體是簡單化。而有司之才，亦應當有其適當的簡單化，而不是愚昧，不是混沌，不是煩複，不是偏斜。要知智慧，固由簡單化而來，即能幹亦「以簡能」？而從簡單化以出。宋陳襄講學以誠明爲主，立朝以薦賢爲急，其《經筵論薦》三十三人品目，有如次列：

1.司馬光素有行實，忠亮正直，以道自任，博通書史之學，可備顧問？
2.韓維氣質方重，學亦醇正，知盡心性理之說，得道於內，可以應務於外。
3.呂公著道德醇明，學有原本，事君以進賢汲善爲己任。
以上三人皆股肱心膂之臣，不當久外。
4.蘇頌長於史學，國朝典故，多所練達，可充編撰之任。
5.孫覺明經術義理之學，端良信厚，可以鎭浮厲世。
6.李常性行醇正，兼治經術，可比於覺。
7.范純仁器識通明，忠義骨鯁，足濟大事。
以上三人可充侍從。
8.蘇軾豪俊端方，雖不長於經術，然百氏無所不覽，文詞美麗，尤通政事。
9.曾鞏文詞典雅，與軾各爲一體（一人可備文翰）。
10.孫洙博學能文，所守亦端，兼明世務，可充史臣。
11.王存學行素著，方重有守，不爲勢利所遷。
12.顧臨才豪氣剛，兼有識略，喜於聞過，可囑以危難之事。
13.林希少有文行。

14. 李師中人多稱其有才，可當邊帥。
15. 傅堯俞以義去就，有古諍臣風。
16. 胡宗愈文醇行循，兼明經術。
以上三人以言事，未蒙宥復。
17. 王安國材器磊落，罪廢不忘進學。
18. 劉摯性行端醇，詞學淵遠。
19. 虞太熙治經有行，不苟於進，可充台閣。
20. 程顥性行端醇，明於義理，可備風憲。
21. 劉載少治經術，兼有文行，可備臺閣。
22. 薛昌朝才質俱美，持守端直，可置臺閣。
23. 張載養心事道，不苟仕進，西方學者，一人而已。
24. 蘇轍學與文若不逮軾，而靜厚過之。
25. 孔文仲性行醇粹，文章正直。
26. 吳賁以孝行聞，治經學，尤盡心於民政。
27. 吳恕器識醇深，學通義理。

28. 林英和而不隨，直而不撓。
29. 孫奕士行著於鄉閭，節義信於朋友，所至以善政聞，可當一路。
30. 林旦通曉民政，兼有持守。
31. 鄒何操履端方，吏才通敏。
32. 唐坰性雖輕脫，才幹明敏，以言事竄，今監杭州龍山稅，流落遠方。
33. 鄭俠愚直敢言，發於忠義，望陛下矜憐，使得生還。

以上論薦的雖只是三十三人，且只是當時的一批人物，然其所持論點，實可作一本中國農業政治上的治才論來看。惟能知人，始可論世。亦惟能論世，始可知人。魏劉邵《人物志》在中國農業政治的治才論中，是一部了不起的奇書，而宋陳襄的《經筵論薦》，則更是將當時天下人才，都盡歸筆下。劉邵之書，那還只是一部原則的書，並代表中國農業政治上的初期治才論的見解，那是多少反映著我國第一期的儒家思想。而陳襄的《論薦》，則更是中國治才論的原則之靈活的應用，並可代表中國農業政治上第二期治才論的見解，那是全般反映著宋明理學家的思想。亦即我國第二期的儒家思想，較之劉邵所論，自更具體更透闢。其對每人的按語，無不適如其量，且論斷其生平，除林希晚節有虧外，無不「夫人不言，言必有中」。本其所言，只要是人才，就會是治才；

只要是治才，就會是「忠亮正直」，或是「器質方重」，或是「醇明有本」，或是「端良信厚」，或是「以義去就」，或是「性行端醇」，或是「持守端直」，或是「養心事道，不苟仕進」，或是「和而不隨，直而不撓」，或是「士行著於鄉閭，節義信於朋友」，或是「愚直敢言，發爲忠義」。凡此所謂治才的特徵，全都是一個人的生命的簡單化的特徵。忠亮正直，器質方重，固然是一個人的簡單化。即愚直敢言，發爲忠義，又何莫非一個人的簡單化？其特別說明蘇軾不長於經術，更謂其弟蘇轍，靜厚過之，更是一針見血，洞悉肺腑之言。

在宋人中，蘇軾的氣質，是最近於唐人的氣質的，雖其才華至足炫人，不論在當時，或其以後千餘年間，人莫不以才稱之，惟此等人，究只是文人的本質，如眞能潛心經術，趨於靜厚，固非不可大用。但其所造，只是「百氏無所不通，文詞美麗，尤通政事」，其在治才中，所應居之地位，當不難推知。蘇軾之〈賈誼論〉一文，千年以來，皆爲人所稱道。但於此文中，亦最可見其本質之未能簡單化，以至落於流俗而不自知。其所謂「非才之難，所以自用者實難」，並據此以論賈誼，惜其不能自用其材，眞是浮言淺見，生心害政。使賈誼眞如東坡之言以行，則賈誼還成其爲賈誼麼？才而至於自用，則由自用而至於自炫，自炫而至於自吹自擂，到處奔走，到處逢迎，此正是目前所謂活動份子，而活動份子尙能有成，尙能有用嗎？這眞是敗壞人才之論。若以此心此意以為政，便必然要把天下人才，敗壞得乾乾淨淨，其害不僅要及於當時，而且要害及後世，害及千載。

「才」是一個簡單化，而「自用」則是一個轉念。一轉念便非，一轉念便成複雜，而其心遂不復可問。政治事業和社會事業是兩個範疇，一個人在社會事業裡，可以自用，那樣的自用，是創業，是創造，是奔走呼號，求人贊助，事不容己，情不容己。但在政治上的自用，則是圖謀，是略取，是佔有，是行險僥倖，利令智昏，事不堪言，心不堪問。惟〈賈誼論〉中，對賈誼之進言，則絕非要賈誼轉而在社會事業、文化事業中，自用其才，而只是責他沒有結交權貴如絳灌等。此豈可責耶？陳襄《論薦》，特書其不長於經術，其用意最深最大，自足知人，自足論世。前人論人，總以能明於經術，長於經術，為最可貴。此明於經術，長於經術，實是要人歸於最初的原則，歸於最簡單化的原則，非必拘於經文與字義。經貴能通，不貴能讀。所謂通，即通其全義，通其原則。而經義與經的原則之所以可貴，即貴在其為最初之義，最初之原則，亦即最簡單化之義，最簡單化之原則，亦即常義與常則。所謂經道，就是常道，所謂經術，就是常術。惟通經者，始能安於常道，惟通經者，始能用其常術。而在西方如Lambreso的天才論，則極力離此最初之義，最初之原則，而走向最爲廣泛、最爲複雜之義與最爲廣泛、最爲複雜之原則。如此所謂天才，其力竭聲嘶之結果，必然會倒下去，否則便是瘋狂。故其天才論之結論，竟會是天才即瘋狂。而歐美大多數的天才，亦確爲不是夭折，就是瘋狂。此乃陷於變道，用其變術，所應有之結果與所鑄成之命運。

說到人才之「自用其才」一事，在西方政治上，則頗爲行之自然，並無若何弊病，此則因其人才之自用，乃由社會事業上之自用以後，憑其社會成就與聲望，以自用於政治之上，即或純在政治事業上之自用，亦爲其先行在一政治運動上自用之自然進展。而此政治運動或爲一革命運動，或爲一愛國運動，或爲一國際運動，其本質上究仍爲一種具備著思想意味或文化意味之社會運動，亦未嘗不可以以社會事業視之，惟其意義較廣而已。因之，其所謂的政治上的「自用」，實是一間接之自用，此間接之自用，與我國以前士人之「修己以敬，修己以安人」，以至「修己以安百姓」之不直接自用其才，而只顯露其德望，其途徑雖因社會環境與社會風氣之個別而有差異，但其「行己有恥」，不直接在政治上自用之實際，則並不因文化背景不同，而有所不同。古今中外之政治，雖格式多端，總未有勸人以在政治上之直接自用、自進、自炫、自鑽者。其獎人以在政治上之直接自用、自炫、自進、自鑽之結果，非惟無由獲其治才，並可將天下人才，敗壞不堪。而在中國農業政治上，更絕不能出此。

2.治才的類別與人才之用

劉邵《人物志．流業篇》，把政治人才分爲十二類，即1.清節家，2.法家，3.術家，4.國體，5.器能，6.臧否，7.伎倆，8.智意，9.文章，10.儒學，11.口辯，12.饒雄。其對每類人才所下定義及列舉古代人物所作之例子，有如次述：

「若夫德行高妙，容止可法，是謂清節之家，延陵晏嬰是也。建法立制，強國富人，是謂法家，管仲商鞅是也。思通道化，策謀奇妙，是謂術家，范蠡張良是也。兼有三材，三材皆備，其德足以厲風俗，其法足以正天下，其術足以謀廟勝，是謂國體，伊尹呂望是也。兼有三材，三材皆微，其德足以率一國，其法足以正鄉邑，其術足以權事宜，是謂器能，子產西門豹是也。兼有三材之別，各有一流，清節之流，不能弘恕，好尚譏訶，分別是非，是爲臧否，子夏之徒是也。法家之流，不能創思遠圖，而能受一官之任，錯意施巧，是謂伎倆，張敞趙廣漢是也。術家之流，不能創制垂則，而能遭變用權，權智有餘，公正不足，是謂智意，陳平韓安國是也。凡此八業，皆以三材爲本，故雖波流分別，皆爲輕事之材也。能屬文著述，是謂文章，司馬遷班固是也。能傳聖人之業而不能幹事施政，是謂儒學，毛公貫公是也。辯不入道，而應對資給，是謂口辯，樂毅曹丘生是也。膽力絕衆，材略過人，是謂驍雄，白起韓信是也。」

以上列舉之十二類人才，照劉邵的意思，都只能做到政治上的重要幹部，而不能做到政治上的眞正領袖，即所謂「皆人臣之任也，主德不預焉」。因爲幹部是以事自任，而領袖是不以事自任的。只是領袖雖不以事自任，卻可總達衆材，因而可以使上述十二類人才，各得其任，這一作用更是其大無比的。照劉邵之意思，如果有眞正的領袖，以領導此十二類人才，則此十二類人才之最好安排和位置便是：

「清節之德，師氏之任也，法家之材，司寇之任也，術家之材，三孤之任也，三材純備，三公之任也，三材而微，冢宰之任也，臧否之材，師氏之佐也，智意之材，冢宰之佐也，伎倆之材，司空之任佐，儒學之材，安民之任也，文章之材，國史之任也，辯給之材，行人之任也，驍雄之材，將帥之任也。」

爲什麼此十二類人材，只能分別作如上之安排與位置，而不能讓其居於領袖地位，主持一切呢？那最大的原因便是「一材處權，而衆材失任」，如此一來，便會不成樣子。但在此十二類人才中，國體是第一級，器能是第二級，清節是第三級，其他都是一方面的人才。而儒學與通常所言之儒者，實不相同，此所謂儒學係指兩漢考據學者而言，在故紙堆中討生涯，雞零狗碎，以致遠離生活，不切事情，難通世務，惟其孳孳爲學，一心研究，亦間或能以其所研究之結果，影響社會，並作社會之指導，且其寧靜淡泊，不求聞達之生涯，亦儘可示天下以「不求進」與「不求用」之方向而淨俗腸，此所謂「安民之任」，在人才中又別爲一格。惟從廣義論人才，則生而爲人，如非暴棄，或被摧折，總能有一才一德，一技一藝。時至今日，事業愈廣，才德範圍亦復日廣，施設愈多，技藝部門亦復日多。事事需才，處處需才，亦復行行出人才，人人是人才。惟在求之如何，用之如何，教之如何，育之如何耳。於此，求之不能憑好惡，用之不能憑喜怒，教之不能憑私智，育之不能憑私心，此乃最基本之原則。從而求之以客觀標準，用之以客觀需要，教之以客觀道理，育之以客觀精神，則天下人才，即不離掌中，不離事外，不待訓練，不待網羅。

孔子曰：「甚矣，吾衰矣，吾不復夢見周公。」於此見孔子之精誠，亦可見周公的精神感召。要知心誠求之，不僅可感召天下，亦且可感召後世，不僅可感召眾庶，亦且可感召聖人。唐韓滉用人各隨其長，據載「有故人子謁之，考其人一無所能，然與之宴竟席，未嘗左右視，因使監庫門，其人終日危坐，吏卒無敢妄出入者」。要知這未嘗左右視，也是一才一德，惟在人之善用。又唐李日知因怒其屬吏欲捶之，既而謂曰：「我欲捶汝，天下人必謂汝能撩李日知杖，不得比於人，妻子亦將棄汝矣。」而范文正授張橫渠以《中庸》，授狄武襄以《春秋》，影響後世，影響四夷，似此對人才教育之道，亦可推知了。每一個國家，每一個時代，人才總有盛衰，但其盛衰關鍵，實在此一國家或此一時代之領袖人物。所謂「雲從龍，風從虎」，有龍就有雲來，有虎就有風至，風雲際會，是一人之慶，亦天下之幸。漢高祖一出，蕭何韓信，張良陳平，遂爲千古人傑，使其不遇高祖，則蕭何只一屬吏，韓信受漂母飯，張良貌若女子，陳平盜嫂受金，又豈足道？開國之君，必有開國之臣，盛世之主，必有盛世之才。所以不臣，所以無才，只在不識其人，不知其才。求才用才，育才儲才，尤在知才知人，此之謂知人爲知。在中國農業政治上，是由無爲裡見出性情，性情裡見出簡單化，簡單化裡見出人才，人才裡見出風氣。因此要知人用人，第一便須不敗壞風氣，敗壞風氣就是敗壞人才。第二便須自己簡單化。自己不簡單化，縱能得人，亦只能是「間雜之才」。第三，便須照顧性情，性情一失，則所見之才，俱成末流。第四便須無爲而不自任，否則即如劉邵所云：「若道不平淡，與一材同用好，則一材處權，而眾材失任矣，」何處非治？何處非才？有天下之治，即有天下之才。有天下之才，即有天下之治。總要知人，始可言政，總要用才，始可言治。

第六章

治風

一、兩種風氣

中國農業政治的治風，是一種道德的風氣，是一種藝術的風氣。而此道德風氣之表現則爲禮的形態，此藝術風氣之表現，則爲樂的形態。其禮的形態和樂的形態是興於詩，但並未立於禮，更未成於樂。因未立於禮，所以天下總是一治一亂。因未成於樂，所以世界大同，天下一家的理想，並未實現。其所以幾千年來，始終未能立於禮，進而成於樂，則是由於中國農業政治，由無爲裡見出性情，由性情裡見出簡單化，由簡單化裡見出人才，由人才裡見出風氣，就始終停頓在這一種風氣裡，停頓在這一種道德的風氣和藝術的風氣裡。而此風氣的一來一往，一剝一復，則由人才之一盛一衰，一邪一正。人才之一盛一衰，一邪一正，則由人心之一簡一繁，一易一險。人心之一簡一繁，一易一險，復由性情之一厚一薄，一否一泰。而此性情之一厚一薄，一否一泰，更由在上者之能否毋意，毋必，毋固，毋我，以至無爲。然此又在一念之純否，而一念之純否，亦復有關天命。天命無常，天下治亂亦即無常，天下治亂既已無常，則天下一家，世界大同，便始終是一個理想。於此，天地無憂，但聖人卻不能無憂。於是聖人有時而窮，而中國農業政治至此自然也是有時而窮了。總要由風氣裡，再見出什麼來，這纔可憑此以立，並進而以立於禮，以成於樂。「化而裁之存乎變，推而行之存乎通，神而明之存乎其人」。在這裡有天命，也儘有人事。是以「天地設位，聖人成能」，所謂成能，就是要把這風氣之變，予以「定常」，從而使一念之純，純亦不已，亦必如此，始可言「爲天地立心，爲生民立命，爲往聖繼絕學，爲萬世開太平」。

時至今日，中國民族必須立起來，必須有成，而且中國民族也必可立起來，必可有成，惟在用此心思，用此心力而已。

二、禮俗的傳統

在中國農業政治裡，大家都有一個最大的信念，就是「君子之德風」。事實上也是由君子之德，總可形成人民的風俗。且自兩漢以來，民間亦儘有禮俗的傳統。惟此禮俗的傳統，究只是一種道德的風氣，表現於禮的形態，而在此形態下，終有否有泰，有剝有復，距離「使人人有士君子之行」的理想，究甚遼遠。不能人人有士君子之行，就難言「以中國爲一人」。不能以中國爲一人，就難言以中國爲天下之中，而擔負其一個眞正的國家的使命。這用現在的話來說，就是每一個國民不能眞正成爲一個公民，則此一國家，就難眞正成爲一個現代國家，而現代國家的存在，其最大的一個根據，亦即在此人人成爲公民。只是現代的國家，終可使人人成爲公民而立起來，而在中國農業政治上，僅憑風氣之所被，卻終未能使人人有士君子之行，而「立於禮」地更高的立起來。本來這立於禮的工作，是一個極艱巨的工作，所謂「善人爲邦百年，亦可以勝殘去殺矣」，此勝殘去殺的工作，眞是談何容易？所謂「如有王者，必世而後仁」，此仁的實現的工作，眞是談何容易？此乃是所謂「三王之德，參於天地」的工作，亦即是中國農業政治在治道上眞正與天道地道和聖道合而爲一的工作。《禮記・孔子閒居篇》載：

「子夏曰：三王之德，參於天地，敢問何如斯可謂參於天地矣？孔子曰：奉三無私以勞天下。子夏曰：敢問何謂三無私？孔子曰：天無私覆，地無私載，日月無私照，奉斯三者，以勞天下，此之謂三無私。其在詩曰：帝命不違，至於湯齊，湯降不遲，聖敬日齊，昭假遲遲，上帝是祇，帝命式於九圍，是湯之德也。天有四時，春秋冬夏，風雨霜露，無非教也，地載神氣，神氣風霆，風霆流形，庶物露生，無非教也。清明在躬，氣志如神，耆欲將至，有開必先，天降時雨，山川出雲，其在詩曰：嵩高維嶽，峻極于天，維嶽降神，生甫及申，維申及甫，爲周之翰，四國于蕃，四方于宣，此文武之德也。三代之王也，必先其令聞，詩云：明明天子，令聞不已，三代之德也。弛其文德，協此四國，大王之德也。」

因天無私覆，所以儘可見出無爲。因地無私載，所以儘可見出性情。因日月無私照，所以儘可見出簡單化。這無爲就是大，這性情就是厚，這簡單化就是光明。這大是無限，這厚是永恒，這光明是無限和永恒裡的光明。但一私便窄，一私便薄，一私便雜。而一雜便昏，一昏便暗，一暗便黑。三王之德是天地之教，而天地之教，就是光明之教。此光明之教，讓個人統體透明，亦讓天下統體透明。所謂成德成行，是個人的統體透明。所謂成風成俗，則是天下的統體透明。禹湯文武之於此，那是「明明天子」。但三代之所以爲三代，則由其「令聞不已」，並先其令聞。由成德成行，到眞正成風成俗，那會有一個很大的過程，那會有一個很大的工夫，並會有其一個很大的天命之存在。一切是道的流行，一切是德的積累，到眞正流行成風，積累成俗時，會有多少的人事，存在其間？會有多少的天命，存在其間？「聖敬日齊，昭假遲遲」：有人事，有天命。「上帝是祗，帝命式於九圍」，有天命，有人事。「嵩高生賢，本於文武」，是由人事至天命。「德洽四國，始於大王」，是由天命至人事。此人事與天命的合一，會就是天人的合一。必如此，始可言「勝殘去殺」。必如此，始可言「仁的實現」。必如此，始可言眞正的「立於禮」。但在這裡，立於禮，是歸諸天命，而天命本自無常。但在這裡，立於禮，是歸入治風，而風行又復靡定。三代之治，其未能永續，又何足怪？三代之治，其未能更進，又何足怪？

三、禮與樂

1. 禮與道德的風氣

《禮記．禮器篇》是把中國農業政治的治風之表現於道德者，盡納之於禮之中。所謂「先王之立禮也，有本有文，忠信，禮之本也；義理，禮之文也，無本不立，無文不行」。這是讓禮的設施，一事有一事之本，一物有一物之文。本是本質，那是性情本質。文是人文，那是人文化成。這使事事爲性情中的事，這使物物爲精神化的物。於是一切在禮的設施中，都是價值的顯現，都是意義的顯現。在這裡，禮「有以多爲貴者……有以少爲貴者……有以大爲貴者……有以小爲貴者……有以高爲貴者……有以下爲貴者……禮有以文爲貴者……有以素爲貴者……」，這是因爲多與少、大與小、高與下、文與素都各各有其價值的顯現，都各各有其意義的顯現。但其顯現，必須相稱，而不離於一心之體，一心之用。內於心，則愼獨，獨則尊，尊則少，少則貴。外於心，則樂發，發則樂，樂則多，多則美。於此，〈禮器篇〉復載孔子之言曰：

「禮不可不省也，禮不同，不豐不殺，此之謂也，蓋言稱也。禮之以多爲貴者，以其外心者也。德發揚，詡萬物，大理物博，如此得不以多爲貴乎？故君子樂其發也。禮之以少爲貴者，以其內心者也。德產之致也精微，觀天地之物，無可以稱其德者，如此得不以少爲貴乎？是故君子愼其獨也。古之聖人，內之爲尊，外之爲樂，少之爲貴，多之爲美，是故先王之制禮也，不可多也，不可寡也，惟其稱也。」

由此，我們可以看出禮的超越精神及其宗教意味，亦可看出禮的涵蓋精神及其藝術意味。因之禮器的陳設，在中國，眞會是希伯來的神的宇宙和希臘的神話世界的一個綜合。而其所以能夠綜合，乃是「惟其稱也」。由稱而宜，由宜而體，由體而順，由順而時。於此，「禮，時爲大，順次之，體次之，宜次之，稱次之」。稱有跡，而時則無跡，稱有正有反，而時則無正無反。所以「堯授舜，舜授禹，湯放桀，武王伐紂，時也」。在時裡，揖讓與放伐，都會有其一致，這是禮把一切的異，組成了一個「全」。全就是全體，一切要歸於全體。因之，在禮中，必需要「以中國爲一人，以天下爲一家」。此之謂「禮也者，猶體也，體不備，君子謂之不成人」。不爲一人，不爲一家，便爲體不備，而不能說是人道之成。這歸於全體，也就是歸根反本，不忘其初。所以〈禮器篇〉中又明言：「禮也者，反本修古，不忘其初者也。」歸根反本，則有節於內，否則「無節於內者，觀物弗之察矣」。在這裡，禮是一種生命的宗教，又是一種生命的藝術，也是一種生命的科學。因爲「欲察物而不由禮，弗之得矣」，科學只是察物，而生命的科學，則必須「察物由禮」。此之謂「禮也者，物之致也」。讓這生命的宗教、生命的藝術和生命的科學，應用於中國農業政治之上，那便成爲〈禮器〉所言：

「是故昔先王尚有德，尊有道，任有能，舉賢而置之，聚眾而誓之。是故因天事天，因地事地，因名山升中於天，因吉土以饗帝于郊。升中於天，而鳳凰降，龜龍假。饗帝於郊，而風雨節，寒暑時。是故聖人南面而立，而天下大治。」

此所謂大治，即是中國農業政治上一種特有的治風之成。

2.樂與藝術的風氣

《禮記》中的〈樂記篇〉是把中國農業政治的治風在藝術上的表現，盡納之於樂之中，並讓樂成爲藝術的治風之頂點。在中國農業政治上，所謂：

「禮以道其志，樂以和其聲，政以一其行，刑以防其姦，禮樂刑政，其極一也，所以同民心而出治道也。」

惟於此，禮樂是積極的，刑政是消極的，而聲音之道，更與政通。其所以與政通，則是因爲「樂者，通倫理者也」。政治是倫理的政治，而樂則是道德的聲音。所謂「紀綱既正，天下大定，天下大定，然後正六律，和五聲，弦歌詩頌，此之謂德音，德音之謂樂」。故於此，「審聲以知音，審音以知樂，審樂以知政，而治道備矣」。由刑到禮，禮立而刑無用。由政至樂，樂成而政無爲。禮的最大意義是顯現在「刑的無用」裡，樂的最大意義是顯現在「政的無爲」裡。但「禮之用，和爲貴」，樂更爲禮的價值之存在，故禮樂刑政之層次，分明是由刑而政，由政而禮，由禮而樂。所謂「其極一也」，那便是皆極於樂，樂是一個最高的形態。這形態雖然是表現爲一個藝術形態，但其「同人心而出治道」，則不僅僅爲一個藝術的形態。所謂：「人生而靜，天之性也，感於物而動，性之欲也，物至知知，然後好惡形焉。好惡無節於內，知誘於外，不能反躬，天理滅矣。夫物之感人無窮，而人好惡無節，則是物至而人化物也。人化物也者，滅天理而窮人欲者也。」

樂在這裡，那實是「賦一切以精神的形態」，那實是「阻一切於物化的形態」。因之樂行，便是天理流行，樂亡，便是人道消亡。因之，「樂者爲同」，「樂由中出」，「樂至則無怨」，「大樂與天地同和」，「大樂必易」，「樂由天作」，「樂者敦和，率神而從天」，「樂也者，施也……樂，樂其所自生」，「樂也者，情之不可變者也」，「樂也者，動於內者也……樂得其反則安」。所謂「反」，是反於精神形態。所謂「不可變」，即是常。所謂「施」，所謂「自生」，即是創發。所謂「率神以從天」，即是上下與天地同流。所謂「天作」，所謂「必易」，即是本乎性情，惟本乎性情，始與天地同和，始能無怨，始由中出，始爲同和。那是「樂」把一切的同，組成一個「和」，和就是和合，一切要歸於「和合」。因之，在樂中，必然會「各正性命，保合太和」，必然會「君子樂得其道，小人樂得其欲」，必然會「樂行而倫清，耳目聰明，血氣和平，移風易俗，天下皆寧」，更必然會「情深而文明，氣盛而化神，和順積中而英華發外」。這歸於和合是：「君子之聽音，非聽其鏗鏘而已也，彼亦有所合之也。」這歸於和合是：「天地之命，中和之紀，人情之所不能免也。」這歸於和合又會是：「獨樂其志，不厭其道，備舉其道，不私其欲，是故情見而義立，樂終而德尊，君子以好善，小人以聽過，故曰：生民之道，樂爲大焉。」這歸於和合，更會是：「天地欣合，陰陽相得，煦嫗覆育萬物，然後草木茂，區萌達，羽翼奮，角觡生，蟄蟲昭蘇，羽者嫗伏，毛毛孕鬻，胎生者不殰，而卵生者不殈，則樂之道歸焉耳。」

於此，和合是一個美，又是一個眞，也是一個善，還會是一個眞善美的「全」。那會是一個「本體」，又會是一個本心。因之，「心中斯須不和不樂，而鄙詐之心入之矣」。也因之：

「致樂以治心，則易直子諒（朱註慈良）之心油然生矣，易直子諒之心生則樂，樂則安，安則久，久則天，天則神，天則不言而信，神則不怒而威，致樂以治心者。」

這使樂成爲一切意義的和合，即所謂「天」；這使樂成爲一切價值之和合，即所謂「神」。在那裡有一個無限，所以能安。在那裡有一個永恒，所以能久。在那裡有無限的眞實，所以不言而信。在那裡有永恒的力量，所以不怒而威。在那裡，樂是一個起點，又是一個終點，樂是一個始條理，又是一個終條理。致樂以治心，而治心亦所以致樂。「易直子諒」，會是一個簡單化的心腸，致樂所以簡單化，而簡單化亦所以致樂。樂則隨處平滿，隨處充盈，並隨分而定，隨性所宜，這更使纖塵亦是無限，當下即是永恒，念念都成眞實，呼吸頓作雷霆。〈樂記篇〉載：

「子贛（子貢）見師乙而問焉，曰：賜聞聲歌各有宜也，如賜者，宜何歌也？師乙曰：乙，賤工也，何足以聞所宜？請誦其所聞，而吾子自執焉。寬而靜，柔而正者，宜歌頌，廣大而靜，疏達而信者，宜歌大雅，恭儉而好禮者，宜歌小雅，正直而靜，廉而謙者，宜歌風，肆直而慈愛者，宜歌商，溫良而能斷者，宜歌齊。夫歌者，直己而陳德也。動己而天地應焉，四時和焉，星辰理焉，萬物育焉。」

這是從聲歌裡見性情，而從性情裡又見了一切。那會直己而陳德，那會把自己簡單化起來，而顯現著所應有的意義與價值。如此一來，自我的有限，便應於天地的無窮而成無限。自我的短暫，便和於四時的恒轉而成永恒。自我的微明，便理於星辰的光明而成大明。自我的生命，便育於萬物的生意而成生化。回過頭來，萬物亦因我而育，星辰亦因我而理，四時亦因我而和，天地亦因我而應。動己即所以動天地，動天地即所以動己。於此，歌聲裡見性情，性情裡見簡單化，簡單化裡見人物，人物裡見風氣，風氣裡見政治，政治裡見天地，天地裡見無爲，而無爲裡復見性情，政治在這裡是由性情到性情，是由人物到天地，復由天地到人物，即所謂以人合天，復以天合人。此之謂天人合一。此之謂一切歸於和合。此之謂成於樂。而中國農業政治的治風，在藝術上的表現，就是以此爲其方向，以此爲其風向。

四、五至與三無

《禮記．孔子閒居篇》載：

「孔子閒居，子夏侍，子夏曰：敢問《詩》云：凱弟君子，民之父母。何如斯可謂民之父母矣？孔子曰：夫民之父母乎，必達於禮樂之原，以致五至，而行三無，以橫於天下。四方有敗，必先知之。此之謂民之父母矣。子夏曰：民之父母既得而聞之矣，敢問何謂五至？孔子曰：志之所至，詩亦至焉，詩之所至，禮亦至焉，禮之所至，樂亦至焉，樂之所至，哀亦至焉。哀樂相生，是故，正明目而視之，不可得而見也；傾耳而聽之，不可得而聞也；志氣塞乎天地，此之謂五至。子夏曰：五至既得而聞之矣，敢問何謂三無？孔子曰：無聲之樂，無體之禮，無服之喪，此之謂三無。」

這表示中國農業政治，在其治風上，猶有其更遠的一個方向。這表示中國農業政治，在其治風上，猶有其更大的一個風向。中國農業政治的治風是道德的，是藝術的，但又不僅是道德的，不僅是藝術的。那是生命的全般安頓，那是生命的至眞至美至善至神的全般安頓。那是父母的安頓子女。「知道子的只有父」，安頓子女的只有父母。雖然孩子是一個小生命，但自父母視之，那是整個世界整個宇宙，都不能掉換的，那會在自己的生命之上。因爲那是小生命又是新生命。大的生命是爲了小的生命，舊的生命是爲了新的生命。雖然孩子是時時啼哭，時時淘氣，時時有爭吵，但自父母視之，啼哭是至妙的音樂，淘氣是最好的禮節，爭吵是無上的和諧。所謂禮樂之原，就在這對生命的敬重，和對啼哭淘氣與爭吵的心境和平。由此敬以和，便是志之所至。這志之所至，是一個生命最大最美最神妙的詩篇。所有的生命，都是一張白紙，而白紙上，總會出現著最大最美最神妙的詩篇。此之謂「詩亦至焉」。這詩之於生命的安排，會是「進退一成規，一成矩，從容一若龍，一若虎」，那裡有一個最大最高的秩序，那裡也有一個至高至大的生機。此之謂「禮亦至焉」。〈禮器〉載：

「甘受和，白受采，忠信之人，可以學禮，苟無忠信之人，則禮不虛道，是以得其人之爲貴也。」

所謂「成規成矩」，那只是對生命的忠誠。所謂「若龍若虎」，那只是對生命的信托。那裡會儘有其生命的甘甜，那裡會儘有其生命的縞素。於是人道的莊嚴，由之以出，人道的高貴，由之以出。禮必得人，而人亦必得禮。禮與人合，那是「反其所自生，反其所自始」。人與禮合，那是「樂其所自生，樂其所自成」。只是「禮主其減，樂主其盈，禮減而進，以進爲文，樂盈而反，以反爲文，禮減而不進則銷，樂盈而不反則放，故禮有報而樂有反，禮得其報則樂，樂得其反則安，禮之報，樂之反，其義一也。」大禮必簡，大樂必易，而禮之報，則是由簡至易，樂之反則是由易至簡。於此，變化與簡單化偕行，禮裡面要於簡單化中進而見出變化，始爲文爲美。樂裡面要於變化中退而見出簡單化，始爲文爲善。於此禮便由道德的領域進入了藝術的領域，這是「禮得其報則樂」。於此樂復由藝術的領域，進入了道德的領域，這是「樂得其反則安」。於此道德的領域和藝術的領域，各各有其簡單化的進路，更相互有其簡單化的通路。此之謂「禮之所至，樂亦至焉」。這會使宇宙成爲一大樂章，這會使世界成爲一大樂章，這會使國家成爲一大樂章，這會使政治成爲一大樂章。每一個生命被安頓於此樂章之內，於是每一個生命的本身，也成爲一個樂章，就是最小的生命，也成了最大的樂章。但此最大的樂章，在其無盡而永續的簡單化的進程中，終於會是至淡至稀，以至寂寂。到此，一個最小的生命，雖會有其至眞至美至善至神的最大安頓，但終於會是無安頓。於是「了尚不可得，豈有能了之人」？於是「既濟」終於「無濟」，既成終於無成，而既生亦終於無生。到此，便不由你不悲天命，而憫人窮。而此悲憫之懷，即哀之所由至。惟至寂中究是至感，至稀中究是至有，至淡中究是至文，眾生終於生生，天道終於大成，人道終於有濟，故又是「哀樂相生」。

此哀樂之相生，終非見聞之事。那只是「道通天地有形外，思入風雲變態中」。那只是「志氣塞乎天地」之不能自已，而自然到達。由哀樂之不斷相生，無窮相續，於是哀是至哀，樂是至樂，禮亦是至禮。至樂是簡單化到了極點，至禮是簡單化的本身，而至哀亦正是極度的簡單化。在這裡聲音是什麼呢？體制是什麼呢？服屬之親與非服屬之親的最終分辨，又會是什麼呢？「夙夜其命宥密」，其所獲得的生命的安頓，生命的喜悅，是在鐘鼓管弦的聲音之上。「威儀逮逮，不可選也」。仁人威儀，進退從容，儘有常度。「見而民莫不敬，言而民莫不信，行而民莫不悅」，那會是平實之至，自然之至，用不著抉擇，乃在一切體制和儀文之上的。「凡民有喪，匍匐救之」。只要是喪，就會有動於衷。只要有動於衷，就會汲汲往救。人民至尊，生命至大，於此，服屬之親與非服屬之親的分辨，是難容急急的，是十分無暇的。孔子曰：

「無聲之樂，氣志不違，無體之禮，威儀遲遲，無服之喪，內恕孔悲。無聲之樂，氣志既得，無體之禮，威儀翼翼，無服之喪，施及四國。

無聲之樂，氣志既從，無體之禮，上下和同，無服之喪，以畜萬邦。無聲之樂，日聞四方，無體之禮，日就月將，無服之喪，純德孔明。無聲之樂，氣志既起，無體之禮，施及四海，無服之喪，施於孫子。」

在中國農業政治上，總要無爲，總要有體，總要見性情，總要簡單化，從而總著眼於人才與風氣。於此，「聲色之於以化民」，固是末著，就是禮樂之於以化民，如泥於跡，亦非善著。樂要簡單化到無跡，禮要簡單化到無跡，喪則是整個性情的透露，其極亦正在哀之簡單化到無跡。無聲之樂，就是無跡之樂；無體之禮，就是無跡之禮；無服之喪，就是無跡之喪。到了無有痕跡，到了無有聲臭，到了「何思何慮」，這便是簡單化到了頂點，這便是上天之載，這便是天下同歸。於是氣志便由不違而既得既從，並日聞四方而既起。威儀便由遲遲而翼翼，以上下和同，而日就月將，施及四海。內恕孔悲之情，施及四國，以畜萬邦，而純德孔明，施及子孫，更至無窮無盡，以遠離言說，無可形容。中國農業政治到了這裡，到了這無聲之樂，無體之禮，無服之喪，其廣被天下，其橫於天下，會只是一陣風，會只是一股流，會只是一種神，會只是一番化。如此風流神化，及於四方，如有禍敗，自然會是「必先知之」。要知作爲父母的人，還不會較任何人爲先地知道他們自己的孩子們的飽暖嗎？在社會上是愷悌君子，在政治上就是民之父母。有父母對生命的撫育，就應有政治對生命的安頓。於此，中國農業政治，在治風上，會有其風流，又何足異？於此，中國農業政治，在治風上，能有其神化，又何足異？

五、民主風氣與民主制度

及今思之，中國農業政治之由無爲的治道，到求常而上下不相侵的治體，再到心性即政治，義理即經濟的治學，又到簡單化的治術與治才，更到禮樂的治風，竟未能再下去，以致就停頓在這裡，而無由以立，未抵於成。風流儘有其風流，神化儘有其神化。只是風流神化之所獲，究只是一種最高的民主風氣，而下一截的民主制度則未建立，以致治體終未獲其最善的安排，從而社會事業亦無由獲其最大的進展，使治才未能廣用，治術未能大用，而治學與治道亦復騰空，未能落實。此在當時，未能落實，正是空靈，未能大用，儘無所謂。未能廣用，亦甚自在。社會風流，不須事業。政治神化，誰言制度？上一截是雅，下一截是俗，大家講雅，本不須俗。生命條暢，何來不足？惟時至今日，相形之下，終爲不足。未能全雅，究須因俗。於焉，政治是道德的，也不能不是科學的；政治是藝術的，也不能不是技術的。政治需要靈明，政治也需要結構。政治需要通才，因為那是達務；但政治也需要專才，因為那又是專業。及今為政，不厭辛苦，尤須耐煩。及今為治，不惜從容，亦須速率。繁中求簡，動中求靜，速率中求從容，屈曲中求伸展，一切到了一個新的段落，一切就得有一個新的作法。

「周雖舊邦，其命維新」。在傳統裡，也會儘有新的東西。而且在傳統裡，也只有新新，都無故故。「苟日新，日日新，又日新」。此道萬古常新，這就成了傳統。中國農業政治的治道、治學、治術、治風，已形成了我們的傳統。這是一個至高至妙、至久至大的傳統。這是一個既濟而又未濟，因之必須繼續發展的傳統。只要是繼續不斷的發展的傳統，就會是一個新的傳統，就能是一個新的傳統。及今思之，我們只要加上一個民主制度，便頭頭是道。及今思之，我們只要加上一個科學工業，便四通八達。我們由無為裡見性情，由性情裡見簡單化，由簡單化裡見人物，由人物裡見風氣，再進而由風氣裡見制度，這實在是一個順，順天理而應潮流。我們在制度的建立上，儘可由學風士風，以形成政風，儘可由人性人情，以顯發人道，儘可由仁由義以眞至自由，儘可由禮由樂以救濟民主，儘可由心性義理以革新科學，儘可由生命農業以改造工業。

及今思之，我們以前在政治上，是重治道而忽略了政體；在學術上，是重學問而忽略了技術；在道德上，是重道理而忽略了義行；在教育上，是重訓導而忽略了養育；在禮法上，是重禮樂而忽略了法律；在富庶上，是重人口而忽略了財富；在天下國家上，是重天下而忽略了國家；以至在文學語言上，是重文學而忽略了語言。所有這些，在當時我們會無所覺，在目前則一比較就知道。但一知道，我們就會不再忽略。而且這忽略，也正由於高明。在我們的高明裡，人家不也正有其極大的缺陷麼？

現時的民主國家，儘有其民主制度，但實在欠缺其更高的民主風氣，以致法西斯乘之，共產黨徒又乘之。民主社會的不安，正說明了民主社會的不穩。此則必須有更高的民主風氣以補足之。在他們，那是正需要由制度到風氣，由風氣到人物，由人物到簡單化，由簡單化到無爲。這較之於我們的順，那正是一個逆，那正是「致曲」。但曲成萬物，「曲能有誠」，到頭來他們眞正的成就，會同於我們的成就，而我們最後的成功，也就是他們的成功。

國家圖書館出版品預行編目資料

中國太平要義：中國農業政治 / 程兆熊著. -- 初版. -- 新北市：華夏出版有限公司, 2023.07

面；　　公分. - -（程兆熊作品集；011）

ISBN 978-626-7296-33-2（平裝）

1.CST：農業經濟 2.CST：政治學 3.CST：文集

570.7　　112006160

程兆熊作品集　011

中國太平要義：中國農業政治

著　　作　程兆熊
印　　刷　百通科技股份有限公司
　　　　　電話：02-86926066　傳真：02-86926016
出　　版　華夏出版有限公司
　　　　　220 新北市板橋區縣民大道 3 段 93 巷 30 弄 25 號 1 樓
　　　　　電話：02-32343788　傳真：02-22234544
E-mail　pftwsdom@ms7.hinet.net
總 經 銷　貿騰發賣股份有限公司
　　　　　新北市 235 中和區立德街 136 號 6 樓
　　　　　電話：02-82275988　傳真：02-82275989
　　　　　網址：www.namode.com
法律顧問　呂榮海律師
　　　　　103 台北市錦西街62號 電話：02-25528919
版　　次　2023 年 7 月初版一刷
特　　價　新台幣 380 元　（缺頁或破損的書，請寄回更換）

ISBN-13：978-626-7296-33-2
《中國太平要義》由程明琤授權華夏出版有限公司出版繁體字版